JN252344

日本の子連れ再婚家庭

再婚して幸せですか？

NPO法人M−STEP理事長
新川てるえ

太郎次郎社エディタス

はじめに

日本の子連れ再婚家庭の現状とアンケート調査について

私が「ステップファミリー（子連れ再婚家庭）」という言葉を知ったのは、いまから18年前のことです。当時、ひとり親家庭支援のＮＰＯ法人Ｗｉｎｋを立ち上げ、私自身もシングルマザーでした。ある日、私宛てに1冊のアメリカの訳書が送られてきました。『ステップファミリー』というタイトルのその本には、子連れ再婚で起きるさまざまな問題について書いてありました。しかし当時は、なぜこの本が私に届いたのかということを理解できませんでした。送ってくれたのは訳者である女性でした。

あれから18年。全国のひとり親家庭数は１４０万世帯を超えています（平成23年度全国母子家庭調査）。そして結婚の４組に１組が再婚という時代です（平成24年人口動態統計）。

18年前、ひとり親の恋愛に社会は寛容ではありませんでしたが、いまでは、結婚相談所がシングルマザーのための低料金の会員枠を設けたり、イベントを開催したりするなど、ひとり親家庭の再婚プランに、社会が背中を押してくれる風潮になりました。だから、当事者も1度の失敗でくじけずに、再婚を選択する人が多くなりました。ひとり親家庭はみんな再婚予備軍です。彼女は18年前にそれを見越して、ひとり親家庭を支援する私にあの本を届けたかったのでしょう。

私は20年間、家庭問題のカウンセラーとして多くの女性たちの悩みを聞いてきました。悩みの多くは離婚に直面した方の悩みでしたが、ときにシングルマザーの恋愛相談を聞くこともありました。シングルマザーの恋愛のなかにある葛藤は、相手の子どもとの関係や、彼と自分の子どもとの関係など、再婚家庭の初期にもみられる問題であり、恋愛時期からステップファミリーならではの問題ははじまっていると感じています。

あるとき、カウンセリングに訪れたのは再婚家庭の継母の方でした。「継子を愛せない」という悩みを打ち明けられたときに、私が「愛せなくてあたりまえです」と言ったら、彼女は救われたように泣きだしました。よくよく話を聞いていくと、いくつかの相談機関を訪れたけれど、一般の子育て相談にありがちな「愛情をもって抱きしめてあげてください」「お母さんになったんだから、がんばらなくちゃ」というアドバイスを受けて、そうできない自分を責め、ますます苦しくなっていたそうです。私のカウンセリングではじめて、できない自分を認めてもいいんだということを知り、らくになったと言って帰られました。

また、3年くらいまえに私は、シングルマザー向けの恋愛講座で講師をしたことがあります。会場に集まった50人ほどのシングルマザーに対して「ステップファミリーについて知っていますか?」と尋ねて挙手してもらったところ、手を挙げたのは10人にも満たない数でした。このように日本ではステップファミリーの認知度はまだまだ低く、専門の相談窓口がなかったり、むかし私がそうだったように、予備軍であるひとり親家庭ですら、自分たちの問題だとは思っていません。

私がシングルマザーの支援をはじめた20年前には、「シングルマザー」よりも「母子家庭」という呼ばれ方がよく使われる時代でした。いまでこそ、シングルマザーは前向きに自由に生きているイメージもあり、周囲に隠さない人も多くなっています。でも、当時は母子家庭だということを隠して生きていかなくてはならない時代でした。

ステップファミリーはかつての母子家庭の立場にあると思っています。ステップファミリーだということをカミングアウトできない。カミングアウトしたところで、苦労や問題を理解されないためにカミングアウトしづらく、それがストレスになっています。

子連れ再婚家庭もひとり親家庭と同じように、その境遇を堂々とカミングアウトしてまわりの理解を得て、暮らしやすくなる社会をめざして、私たちは2014年にNPO法人M－STEPを設立しました。これまでのひとり親家庭支援に加えて、ステップファミリーの支援をするための特定非営利活動法人です。

近年、社会を騒がせたニュースのなかにもいくつか、シングルマザーの恋愛相手による子どもの虐待、再婚家庭の継親による子どもの虐待事件があります。その背景には、まわりに理解されないストレスや支援制度がないという問題点があります。

私はこれまでのカウンセリングやNPOの活動をとおして、多くのステップファミリーがかかえている問題点を知りました。そして、その問題点を社会に伝えたいと思いました。

そこで考えたのが今回のステップファミリー実態調査です。日本では、これまでに公的なステップファミリーの調査がおこなわれたことが一度もありません。ひとり親家庭が増え、ステップファミリー予備軍が増えているのに、その実態を把握できていないため、専門の相談窓口もありません。「再婚したんだから幸せでしょう？　何が問題だというの？」という認識が強いために、支援の必要性が理解されていないというのが日本の現状です。

ステップファミリー当事者の声を集めようとスタートしたこの調査は、当初の目標の

100サンプルはクリア。さらに詳細を掘りさげていくため、アンケートをもとに聴き取り調査もおこないました。

アンケートの自由記述欄につづられた当事者の生の声からは、感じられることが多くあると思います。たとえば、「これから再婚する人にアドバイスがありますか?」という設問に、何人もの人が「再婚はやめたほうがいい」と答えています。子連れ再婚家庭の苦労を身をもって感じたからからこその、正直で厳しいアドバイスだと思いました。その反面、ステップファミリーになってよかったことも多くつづられていて、苦労が多いからこそのステップファミリーの醍醐味も感じられます。

ステップファミリーとひと言でいっても、その組み合わせや成り立ち、家族のなかでおかれている立場により、かかえる問題は違っています。アンケートと追跡インタビューをとおして、さまざまなステップファミリーを知り、今後の支援の必要性についていっしょに考えていただけましたら幸いです。

目次

日本の子連れ再婚家庭
——再婚して幸せですか？

Ⅰ アンケートに見る119人の声

Ⅱ 子連れ再婚17家族の証言
——追跡インタビュー

ステップファミリー（子連れ再婚家庭）の基礎知識

■さまざまな成り立ちのステップファミリー

どちらかに子どもがいるふたりが再婚してつくられる家族を「ステップファミリー（STEPFAMILY）」といいます。その組み合わせや成り立ちにより、さまざまなかたちや状況があります。

- 夫婦のどちらか一方だけに、過去の離婚や死別によって子どもがいる場合
- 夫婦の両方に、過去の離婚や死別によって子どもがいる場合
- 未婚のシングルマザーが結婚する場合

（上記の場合で、入籍がない事実婚のカップルもステップファミリーと呼びます）

- 夫婦の両方、もしくはどちらか一方に子どもがいて、元配偶者のもとで暮らしているけれど、定期的に面会交流がおこなわれている場合

また、これらの組み合わせにおいて、子どもの年齢や性別、数などによっても特徴が違ってきます。

ステップファミリーの「ステップ(STEP)」は英語の接頭語で「継ぐ」という意味です。継親子関係のある家族をステップファミリーと呼びます。

バラバラになった家族が新しい家族とつなぎあわされてひとつになることから、アメリカでは「パッチワークファミリー」と呼ばれることもあります。

しかしながら日本ではまだまだ認知度が低いので、子連れ再婚家庭と表現したほうが理解されやすいです。

■ステップファミリーの成長プロセス

アメリカはステップファミリーの研究が進んでいます。以前、私のもとに届いた訳書にも「ステップファミリーの発達段階」が書かれていました。

それを参考に日本のステップファミリーを考えたときに、もちろん共通するところもたくさんある一方で、日本ならではのステップファミリーの通る道があると思います。日本のステップファミリーの発達段階をみてみましょう。

1　ロマンス期(夢と希望に満ちている時期)

恋愛のころからはじまっています。この時期はうきうき、わくわくと楽しいことばかりの時期です。過去の離別経験(離婚や死別)から、相手に思いやりをもって接することができるはずだし、愛している相手の子どもなら、きっと愛せるはずだと自信をもっています。幸せな家族をつくれるはずだと疑いもなく思い、夢と希望でいっぱいの時期です。

2　ロマンス崩壊期（何かが変だと感じはじめる時期）

何かが期待していたことと違うと感じはじめます。いままで別々に生活していたふたつの家族がいっしょに暮らすことになって、しばらく経つと、生活習慣の違いに直面したり、パートナーのふとした言動に違和感を覚えたりします。日本の住宅事情では、再婚にさいして新しい住まいを用意できないことが多いので、どちらかの生活スペースに片方が引っ越してくる場合も多く、その場所には過去の家族（元配偶者）の名残りがあってなじめなかったり、元の配偶者に似ている継子に嫌悪感をいだきはじめたりします。「うまくやれるはず」だと思っていた根拠のない自信が崩壊する時期です。

3　リアリティー期（現実に気がつく時期）

こんなはずじゃなかった、この結婚には無理があったのではないか、血がつながっていない子どもとうまくやれるはずがない、と再婚について疑問を認識します。ロマンス期でもっていた自信がことごとく崩されて、心を打ちのめされるような思いをします。

日本はまだまだ男性社会で、子育ての責任を母親任せにされることが多いので、子どもを育てる妻側のストレスが高く、パートナーに愚痴っても理解してもらえず、それがますますストレスにつながります。

4　チェンジ期（変動する時期）

リアリティー期の不安や恐れからエスカレートして、さらに口論が起こったり、家族がギクシャクしたりする時期です。夫婦のあいだにも喧嘩が絶えず、原因は継子のことが多いです。夫婦だけなら仲よくやれるのに、口を開けば子どものことで喧嘩になるということに矛盾を感じます。おたがいに子連れのカップルでは実父子と実母子が分裂して、まるでふたつの家族が別々に暮らしているような状態になったりします。「再婚した意味があったのだろうか？」と悩むことになるでしょう。

また、ひとり親家庭に単身で入った継親の場合には、自分の居場所をなくし、家族のなかにいても心はひとりぼっちだと感じて過ごすことが多くなり、不満と孤独が募ります。

5 アクション期（行動の時期）

このままではいけないと思い、家族の問題に立ち向かう時期です。つらい時期を経て、夫婦や家族になった意味を見なおし、修復するためにはどうしたらいいのかを真剣に考えはじめる時期でもあります。これまでの不勉強を反省して、参考になる本を読んだり（日本にはまだまだ少ない書籍しかありません）、インターネットで経験者のブログを読んだりして、ステップファミリーについて前向きに学びます。

夫婦間の話し合いが問題解決には必要であることを理解し、夫婦でいっしょに考えて行動することがふつうで快適になっていきます。

問題を解決するためには、何が障害になっているのかをよく理解することが必要です。また、ステップファミリーならではのよさを理解して、古い家族観にとらわれないことも必要です。

6 フィニッシュ期（達成の時期）

問題がまったくなくなるわけではありませんが、問題が起きても受けとめる余裕が少しずつ増えているので、以前のように大きな問題になるまえに解消されます。

ステップファミリーというひとつの家族に属しているという意識が生まれて、家族間の心のつながりも実感できるようになるので、以前のように焦る気持ちはなくなります。

この段階に達するまでには、どんなに早い家族でも4年、平均すると7年～8年かかるといわれています。いちばんつらいのは**2－ロマンス崩壊期**から**3－リアリティー期**で、再婚しておよそ1、2年目の時期にもっとも苦しんでいるステップファミリーが多く見られます。また、耐えられずに離婚を選択される方もいます。

みんなが同じような道をかならず通るわけではありません。最初からとくに問題がないように見える家族もありますし、ひとつの問題をクリアしても、また別の問題であともどりすることもあります。

多くのステップファミリーの方が通る道として参考にしておいてもらえると、お産と同じようにらくに立ち向かえると思っています。初産は子どもが生まれてくるプロセスがわからずに立ち向かうので怖さがありますが、経産婦はわかっているので立ち向かう勇気をもっています。

■ステップファミリーならではの問題点

つぎにステップファミリーのかかえる問題をご紹介します。くわしくは本書のアンケート調査や当事者へのインタビューを読んで、感じてみてください。

1　喪失感をもってはじまる家族

ステップファミリーは、大人も子どももそれぞれが過去に、人生を大きく変える喪失感を経験しています。配偶者との別れ、実の親との別れ、再婚にともなう引っ越しによる友人・知人との別れなど、さまざまな別れです。そして、それがトラウマやストレスになっていることがあります。

2　元の家族との関係がある

離れて暮らす親と子どもの面会交流。別れた配偶者の親が子どもの祖父母としてかかわってくる場合もあります。それがストレスになることがあります。

3　ふたつの家族の生活習慣の違い

歩み寄りが難しくストレスになりやすいのが、生活習慣の違いです。初婚で結婚する場合にも生活習慣の違いはありますが、ステップファミリーにおいては、ふたりだけの問題ではなく、いきなり家族全員の問題になります。

4　大家族になることの負担

おたがいに子どもがいて再婚する場合には、大家族になる可能性があります。妻は、いっきに増える家事や育児の負担にとまどうことになります。また、ひとり親としてもらっていた児童扶養手当がなくなり、場合によっては養育費もなくなることがあるので、いままであてにしていた収入が減ってしまうことが多いです。それなのに、再婚してらくになると思い、仕事をやめて専業主婦になるケースが多いので、家計が圧迫されて、生活が思っていたほどらくにはならないことを知ります。

5　相談窓口がない

ステップファミリーの認知度が低いので、当然ながら、専門の相談窓口がありません。「継子を愛せない」という悩み相談は一般の子育て相談でするしかないのが現状ですが、「抱きしめてあげてください」とか「お母さんになったんだからがんばらないと」というアドバイスがさらに継親（母）のストレスを募らせ、2次被害になっているケースもあります。当事者は悩みを吐き出しにくく、孤独に悩んでいる人がたくさんいます。

I アンケートに見る1119人の声

ステップファミリー実態調査アンケート　結果報告

●アンケートの方法と回答者の属性

このアンケートは、2015年3月1日から目標サンプル数の100をクリアするまでと期間を設定し、スタートしました。国の調査もふくめ、国内では希少なステップファミリー実態調査として、目標のサンプル数がちゃんと集まるのだろうかと不安でしたが、半年をかけて目標数をクリアすることができました。

アンケートへのご協力のお願いはおもにインターネットによりおこなわれました。NPO法人M－STEPホームページおよび、ブログやSNS、会員向けのメールニュースでの告知により拡散し、ウェブアンケートをおこないました。

最終的な回答者数は119人。性別は質問項目に入れなかったため、お名前と回答から男女比を判断すると、男性は3人ほどで残りは女性から、年齢は30代がもっとも多く46・2％、つぎに40代で42・9％となっています［左ページ・図1］。離婚からのステップファミリーの方が64・7％と多く、初婚の継母、未婚の母、死別と続きます［図2］。「継親（相手に連れ子がいる）」および「実親でもあり継親でもある（自分にも相手にも連れ子がいる）」と答えている方があわせて71・4％になっていることから［図3］、継母の立場の方の回答が圧倒的に多かったようです。

再婚期間に関しては全体的に大きな開きはありませんでしたが、5年以上10年未満の方が少し多いことから［図4］、初期のさまざまな問題を経験したからこそ、問題意識をもっ

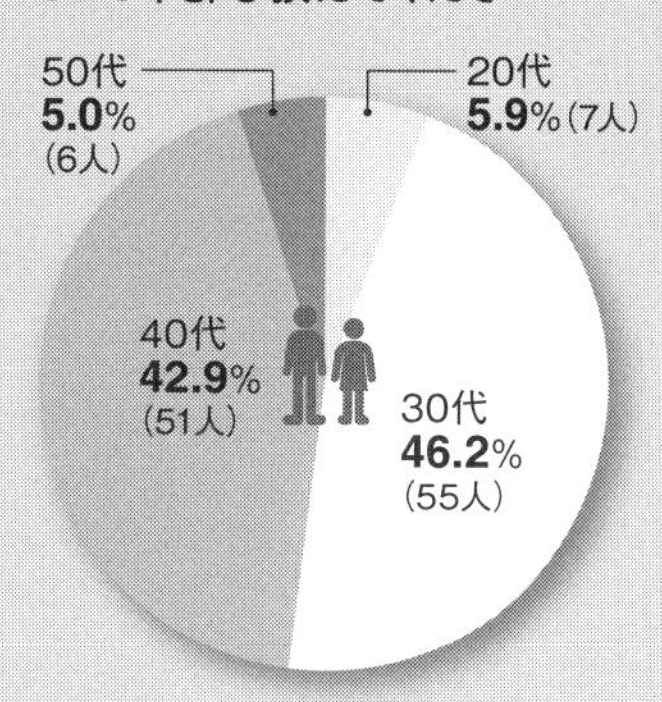
[図1] 年齢を教えてください
50代
5.0%
(6人)
20代
5.9%(7人)
40代
42.9%
(51人)
30代
46.2%
(55人)

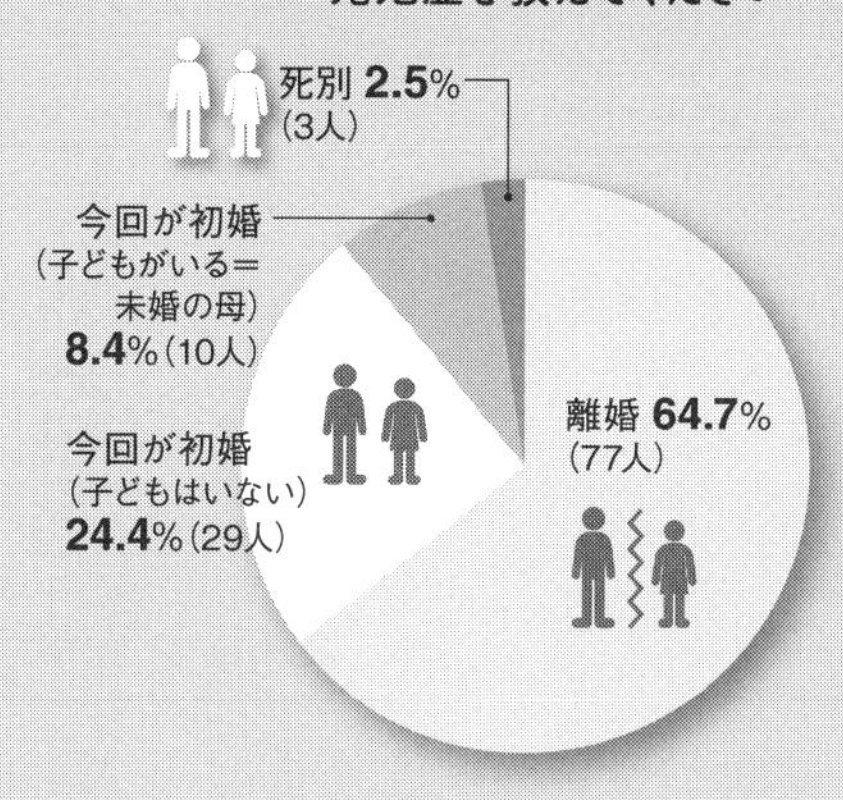
[図2] 過去のあなたの
婚姻歴を教えてください
死別 2.5%
(3人)
今回が初婚
(子どもがいる＝
未婚の母)
8.4%(10人)
今回が初婚
(子どもはいない)
24.4%(29人)
離婚 64.7%
(77人)

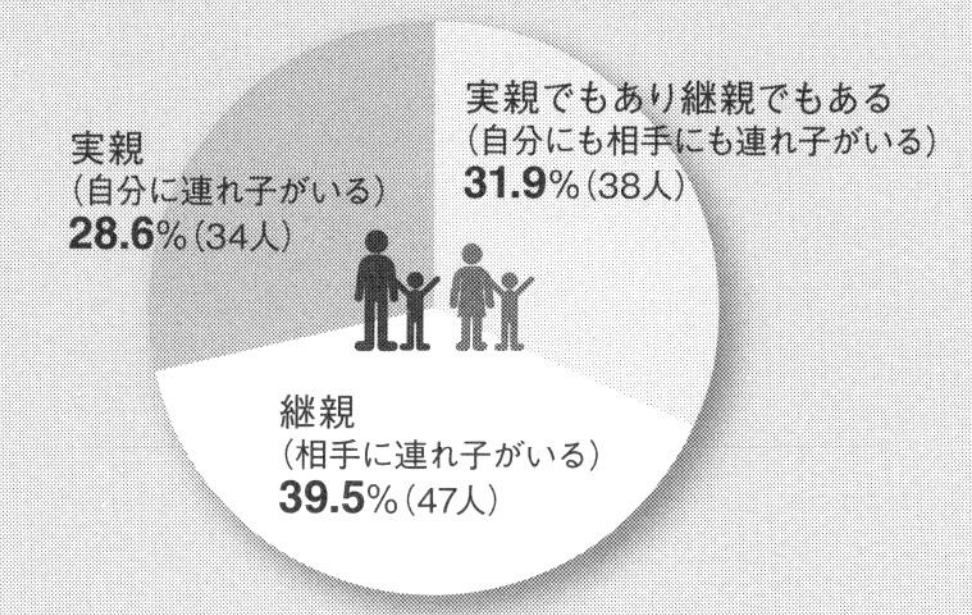
[図3] あなたの立場を教えてください
実親でもあり継親でもある
(自分にも相手にも連れ子がいる)
31.9%(38人)
実親
(自分に連れ子がいる)
28.6%(34人)
継親
(相手に連れ子がいる)
39.5%(47人)

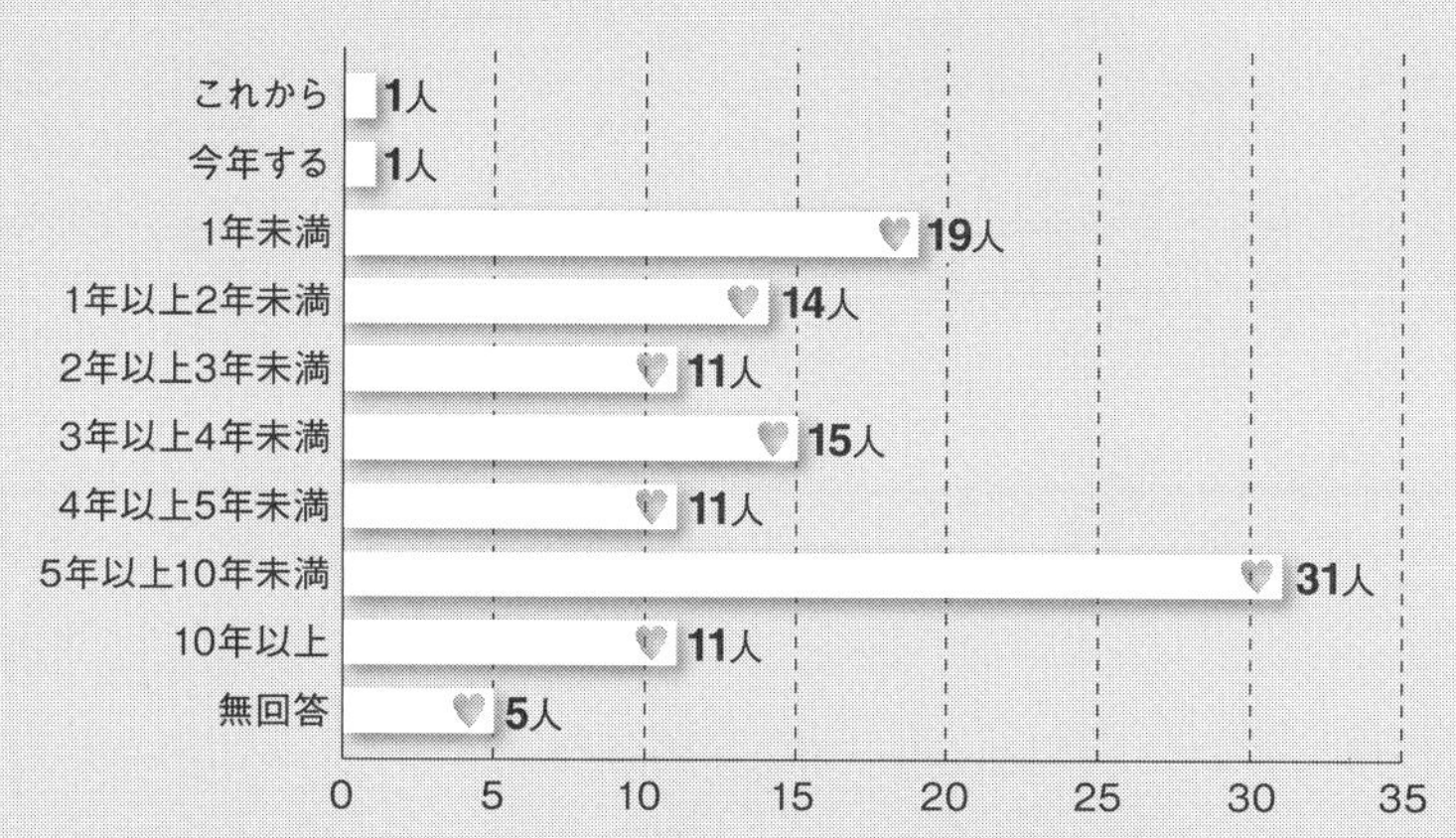
[図4] 再婚期間は どれくらいですか
これから 1人
今年する 1人
1年未満 19人
1年以上2年未満 14人
2年以上3年未満 11人
3年以上4年未満 15人
4年以上5年未満 11人
5年以上10年未満 31人
10年以上 11人
無回答 5人
0
5
10
15
20
25
30
35

てアンケートに回答してくれていることが読みとれます。

●再婚家庭の子どもの状況

相手の子どもとの養子縁組については、「している」が25・2%、「していない」が40・3%、「パートナーに子どもはいない」が10・9%となっています[20ページ・図5]。

逆に自分の子どもとパートナーとの養子縁組については、「している」が42・0%であるのに対して「していない」が10・9%と低く[図6]、父親と養子縁組をしないと母親と子どもの戸籍が別になってしまい、名字も別々にならざるをえない戸籍制度のため、必要に迫られて養子縁組をするのだということが読みとれます。

別れた配偶者(父親)と子どもとの面会交流に関しては、日本の養育費の支払い率が19・7%と低く、面会交流も同程度の数値だと報告されている(平成23年度全国母子世帯等調査)ことから、今回のアンケートでも実施されているとみられる人は少なかったです[図7]。

しかし、面会交流が実施されていても、養育費が再婚後に払われなくなり、それがストレスになっているケースもあります。再婚により経済的にらくになるであろうと勝手に判断されたり、再婚相手が経済負担をすべきという社会の風潮から、やむなく支払い免除に応じてしまうなどの理由からです。養育費を払わないくせに、面会交流だけは主張する離別親。さらには面会交流のルールがきちんと守られない、パートナーの理解が得にくい、お子さんはその板挟みになり、どちらの親にも気をつかわなくてはならなくなるなど、新しい家族のストレス要因になっています。

社会傾向としては、今年度、「親子断絶防止法案」の国会提出が検討され、離婚後の面会交流を促していく流れになっていますので、今後は確実に面会交流が増えていくとみられます。また、法案に付随して共同親権の導入を推進したいという動きもあります。離婚だけのことを考えたら、離婚後に共同で子育てができる環境は理想的だと思いますが、再婚のことまでを考慮すると、共同親権に関しては慎重に検討されなければならない問題だと考えます。そのあたりの事情も知っていただいたうえで、少ない数ですが、貴重な例として読みとっていただけたらと思います。

再婚までのおつきあいの期間については、子どもがいる恋愛ということで、ゆっくりと時間をかけられない事情もあるようで、1年以上2年未満のおつきあいで再婚されている方が多いようです[図8]。

子どもの年齢もさまざまでした。年齢による継子との問題などは、Ⅱの追跡インタビューから読みとれるかと思います。参考にしてみてください。

●社会の理解について

ステップファミリーだということをまわりにカミングアウトしているご家庭は37・8%、半数近くはとくに公言していないと答えています[図9]。その理由として多くの方が「いろいろ聞かれるのが面倒だから」「偏見の目で見られるから」と答え、まわりの理解のない反応がストレスになっているようすを感じられる回答になっています[図10]。

63・9%が「悩みを相談できる人がいる」と答えていますが[図11]、その相談相手は「パートナー」や「自分の親」、または「友だち」と答えている方が圧倒的に多かったです[図12]。専門の相談機関がない、もしくは機能していないことも感じさせられます。

[図6] あなたに子どもがいる場合、
その子とパートナーは
養子縁組していますか？

無回答
22.7%（27人）

していない
10.9%
（13人）

している
42.0%
（50人）

実子はいない
24.4%（29人）

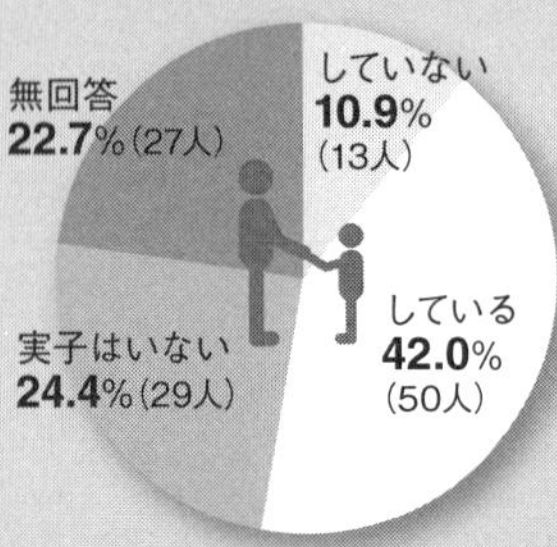

[図5] パートナーに子どもがいる場合、
その子とあなたは
養子縁組していますか？

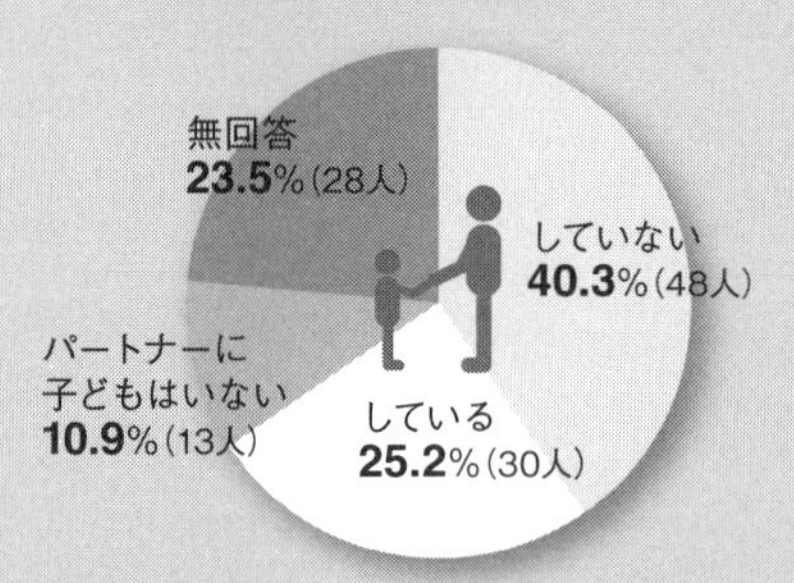

＊四捨五入しているため、%の合計は100.0にならない場合もあります

[図7] あなたの子どもやパートナーの子どもは、以前の配偶者と面会をしていますか？

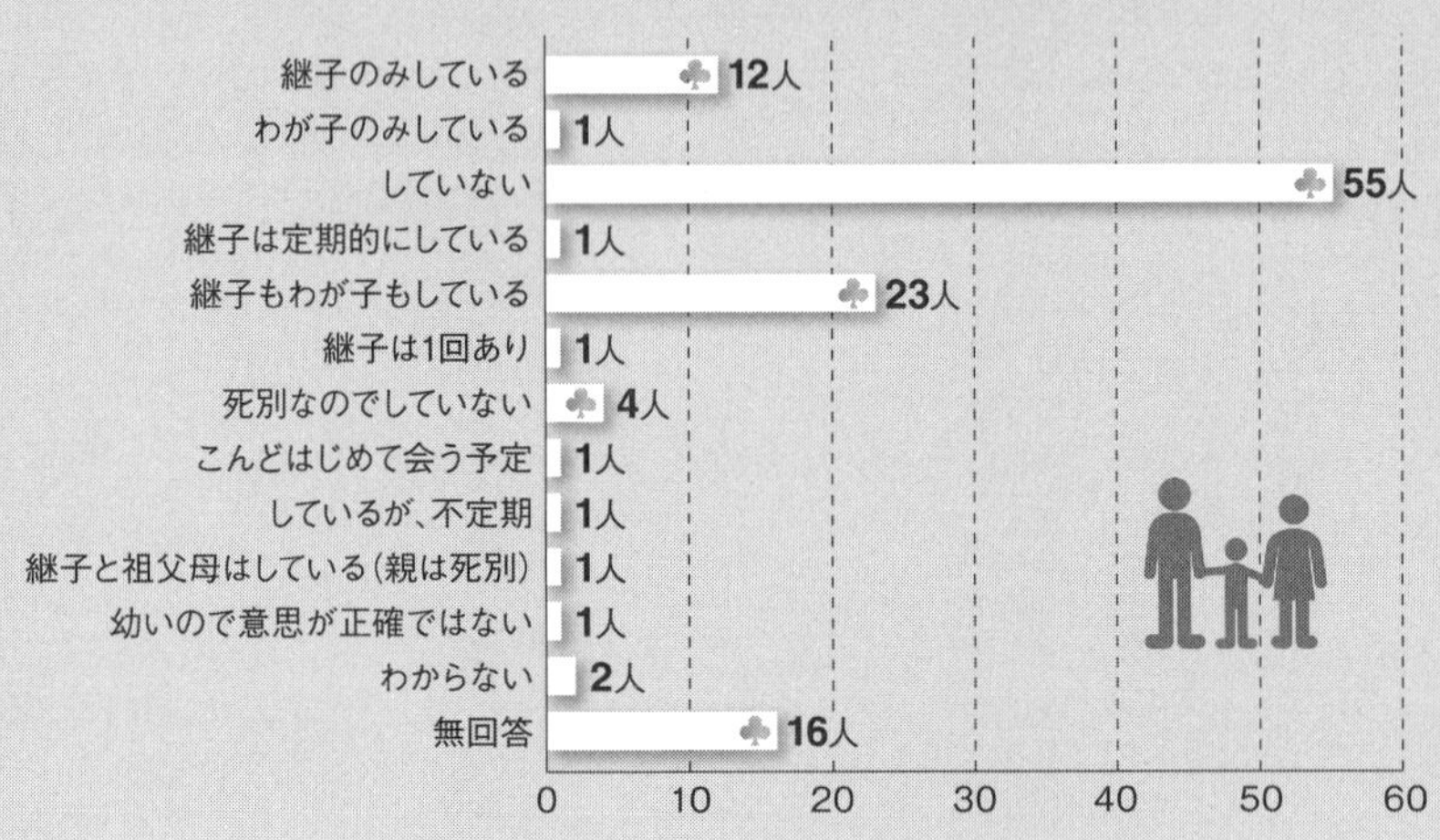

[図8] どのくらいのおつきあいの期間を経て再婚しましたか？

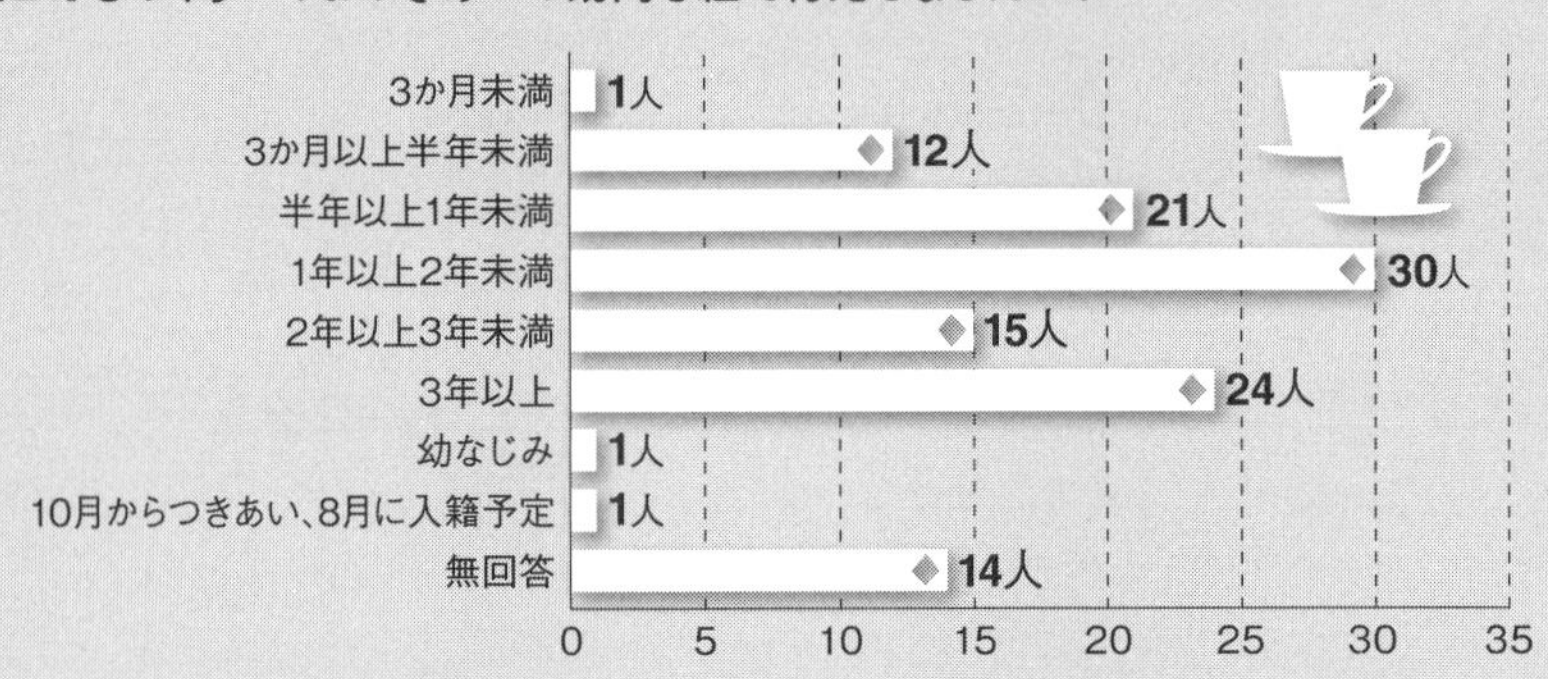

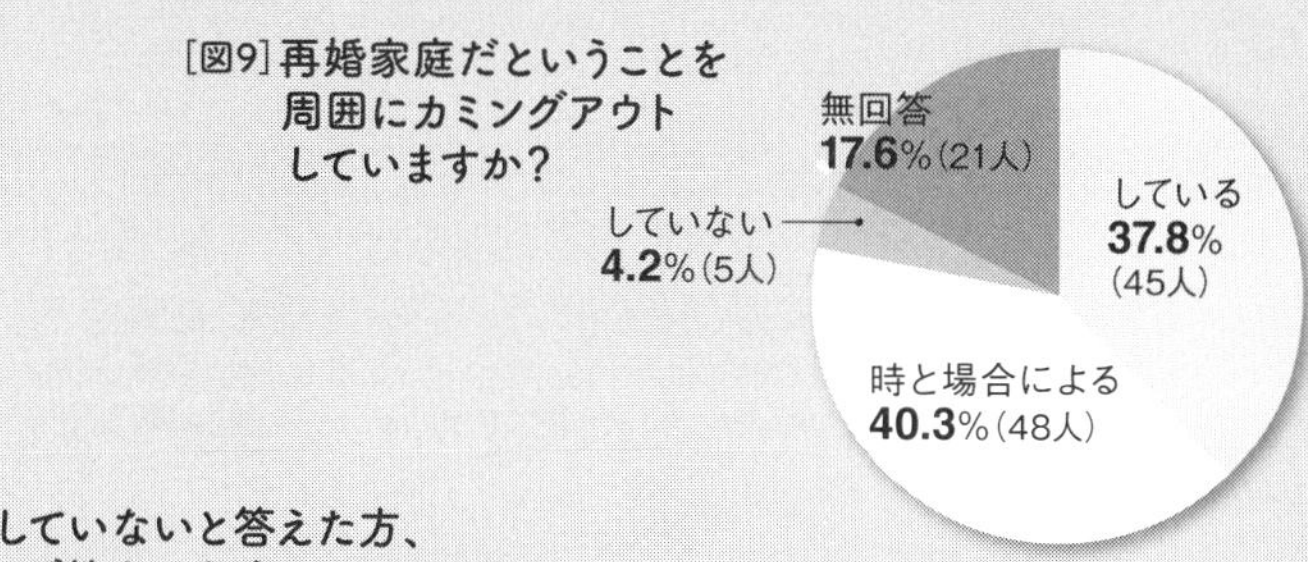
[図9] 再婚家庭だということを
周囲にカミングアウト
していますか？
無回答
17.6%(21人)
している
37.8%
(45人)
していない
4.2%(5人)
時と場合による
40.3%(48人)

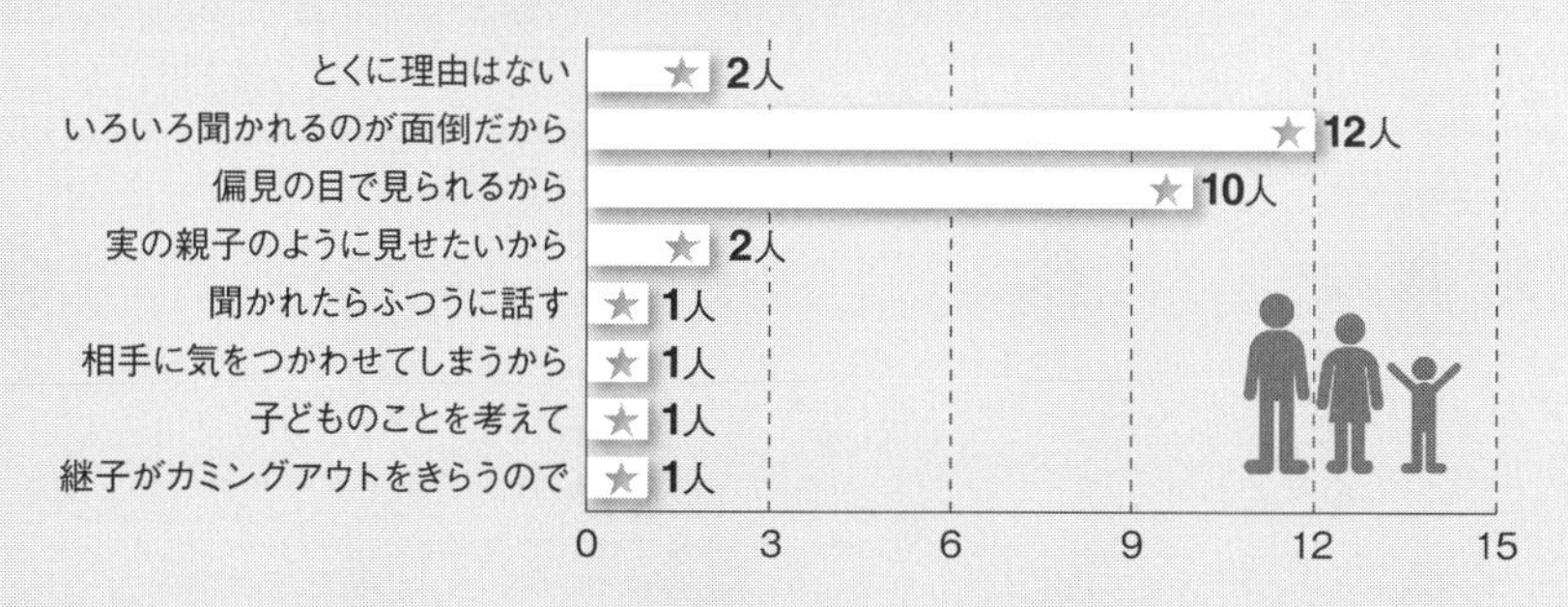
[図10] カミングアウトしていないと答えた方、
その理由があれば教えてください(複数回答可)
とくに理由はない 2人
いろいろ聞かれるのが面倒だから 12人
偏見の目で見られるから 10人
実の親子のように見せたいから 2人
聞かれたらふつうに話す 1人
相手に気をつかわせてしまうから 1人
子どものことを考えて 1人
継子がカミングアウトをきらうので 1人
0
3
6
9
12
15

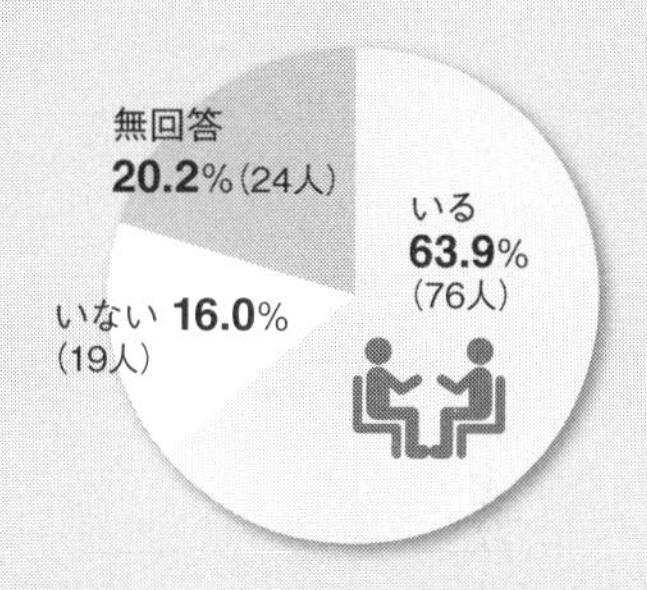
[図11] あなたには、いまの
家族での悩みを
相談できる人がいますか？
無回答
20.2%(24人)
いる
63.9%
(76人)
いない 16.0%
(19人)

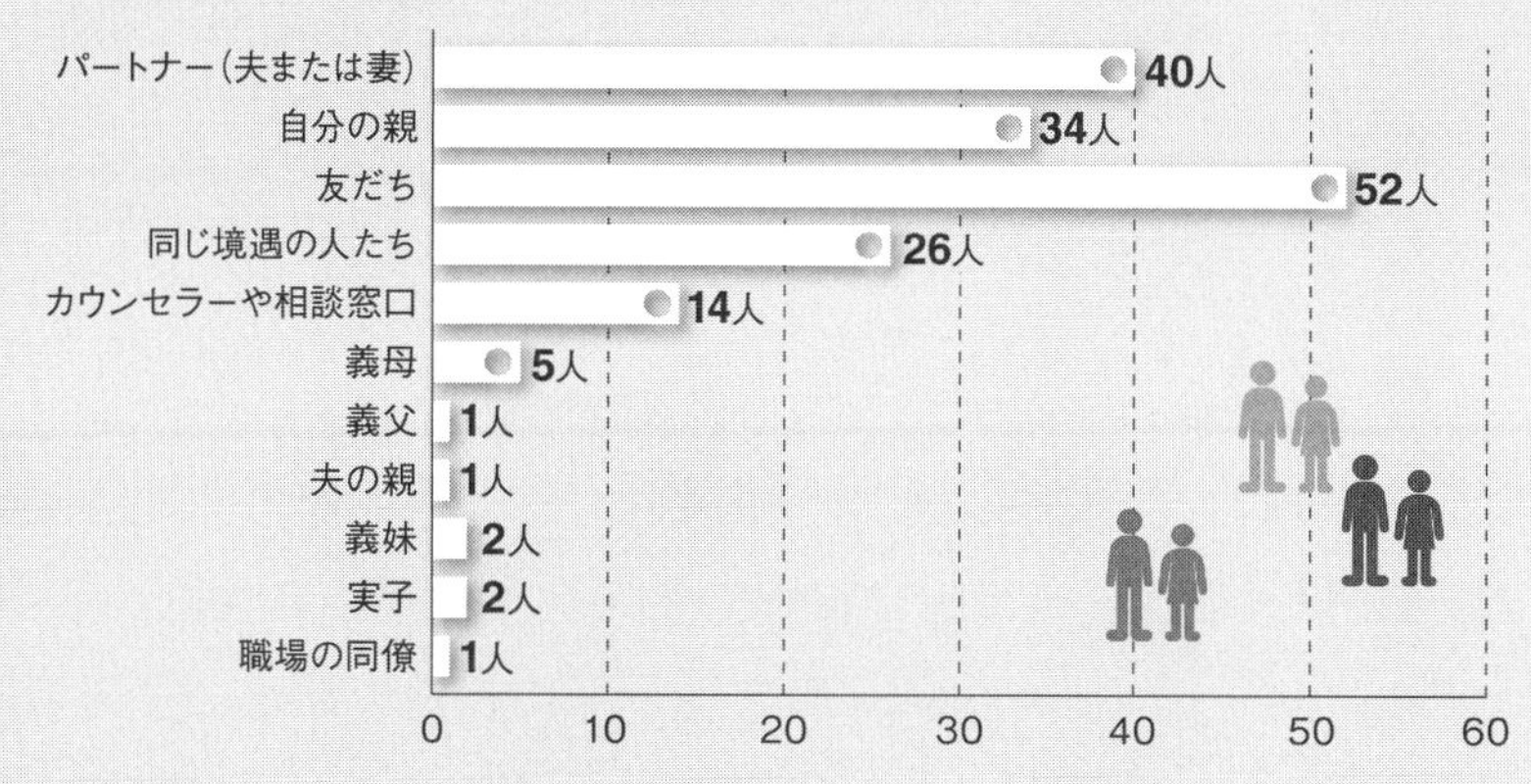
[図12] 相談できる人がいると答えた方は
その人との関係を教えてください(複数回答可)
パートナー(夫または妻) 40人
自分の親 34人
友だち 52人
同じ境遇の人たち 26人
カウンセラーや相談窓口 14人
義母 5人
義父 1人
夫の親 1人
義妹 2人
実子 2人
職場の同僚 1人
0
10
20
30
40
50
60

自由記述欄（23ページ以降、順次掲載）を読むと、まわりの理解のなさに傷つけられていたり、専門の相談機関や当事者どうしの情報交換の場がなく、孤立しやすいことを不満に思っていたりする声が多いようです。

●そのほかデータ化できなかった回答から

回答欄に空欄が多かったなどの理由で、数値化していない質問項目があります。たとえば、「なぜ再婚をしましたか？」というもの。私はこの質問をつくったとき、ひとり親からの再婚のケースの場合には、経済的にらくになりたくて、安易に再婚を選んでしまったというような理由が多いのではないかと推測していました。しかし、回答してくれた人の多くが「相手のことが好きだから」という純粋な気持ちで再婚を決めていて、ここは一般の恋愛と変わらない気持ちがあるのだなということが読みとれました。

それから、再婚の時期に関しての質問。子どもの進学や、保育園や学校の転入・転出しやすい時期を選んでいることが多く、これは離婚の時期を選ぶときにも同じような傾向があるので、子どもの事情を考慮して考えているのだなと思いました。

本書で報告した私たちの調査は、サンプルは少ない数ですが、追加取材とあわせて、ステップファミリーがかかえている現在の問題を知るという意味では、ひじょうに深い調査になっていると感じます。支援者をはじめ、多くの方々に日本の現在のステップファミリーがかかえている問題をご理解いただき、支援の必要性を感じていただけたら、とても有意義な調査になると思っています。

自由記述欄につづられた声

Q 再婚してよかったと思うことはありますか？ あると答えた方は、どんなことがよかったと思うか教えてください。

以下、回答内のアイコンは、結婚当初の本人と子どもの立場を表しています
［アイコン］＝妻、［アイコン］＝夫、［アイコン］＝妻の実子、［アイコン］＝夫の実子

〈パートナーといられること〉

● 大好きな旦那さんといつもいっしょにいられる。金銭的に安定したため、精神的な安心ができた。実子にきょうだいができた。（妻・妻の実子・夫の実子）

● 相談相手がいる。旦那がいるだけで頼りになるし、育児は先輩だから相談にのってくれて心強い。家計も自分だけの力で背負わなくてよくて、気持ちがらく。（妻・妻の実子・夫の実子）

● どんな些細なことも相談しあえ、心から信頼できるパートナーと一生ともに生きていけるということ。経済的不安がなくなったこと。（妻・妻の実子）

● シングルマザーのときは経済的にかなり厳しかったが、時間や金銭的に余裕がもてるようになった。また、セメントベビー（夫婦の実子）の成長の喜びを分かちあえるパートナーがいるということで、癒しや夫婦としての絆を感じる。（妻・妻の実子・夫の実子）

● パートナーとその両親がいい方で、子どもたちをほんとうの孫、子どものようにかわいがり、慈しみ、育ててもらったこと。いまは子どもたちが手を離れたので、ふたりで趣味の食べ歩き、飲み歩きなどをし、楽しい時間をふたりで共有できること。精神的、金銭的にも頼ることができること。いちばんは愛する人と平和に暮らせること。（妻・妻の実子）

● やはり安心感はある。（妻・妻の実子）

● パートナーがいる安心感。（妻・妻の実子・夫の実子）

● 精神的に頼れる相手がいっしょに生活していること。ケンカもあるけど、ひとりで解決しなくてもよくなったこと。（妻・妻の実子）

●好きな人と生活できること。

●夫といっしょにいられる時間が増えたこと。

●夫のことが大好きなので、これからの人生をいっしょに歩んでいける人ができてほんとうにうれしい。

●遠距離だったので、旦那との生活はとてもよい。

●精神的安定、つねに相談ができる。

●以前の結婚では期待して相手がしてくれないことに怒ったりしていたのが、希望の伝え方がうまくなり、トラブルらしい夫婦トラブルがないこと。私の連れ子が発達障害なのでたいへんなときもあるが、理解を示してくれるので、それが申し訳ないときもありますが、夫が協力的です。お母さんがいちばんだよと言いながらも、息子と私が言いあらそっていたら公平に話を聞いてくれること。また、末っ子に甘すぎると上ふたりがかわいそうだよと諭してくるくらいなので、できた夫だなーとほれています。

●肩の力が抜けた気がします（笑）。

●らくに暮らせる。

●一度結婚に失敗している夫なので、やさしい。

●子どもに何かあったときに助けてもらえるし、子どもも家族が増えてうれしそうにしてるのでよかったと思う。

●実子、継子ともにだが、子育てについては身近に大人がひとりいるだけでも冷静に考えることができる。

●私はまえの主人と死別、それも主人は33歳という若さで突然死でした……しかも私の目の前で。このさき、うれしいことや楽しいことはあっても、幸せはもうないと思っていたので、いっしょにいてくれる家族ができたことがなによりうれしいです。

●夫婦関係はうまくいっているので、結婚じたいに後悔はないけど、継子のことでの喧嘩が多かったので、引きとるときにもう少し抵抗すればよかったと思った。

●親子3人で過ごすことが、未婚母だった私にとって幸せです。

●子育てを夫婦ふたりでできる。楽しみも喜びも増えた気がする。

〈継子と家族になれたこと〉

●わが家は継子との関係が良好なので、成長した継子に助けられることもあり、家族になれてよかったと思います。

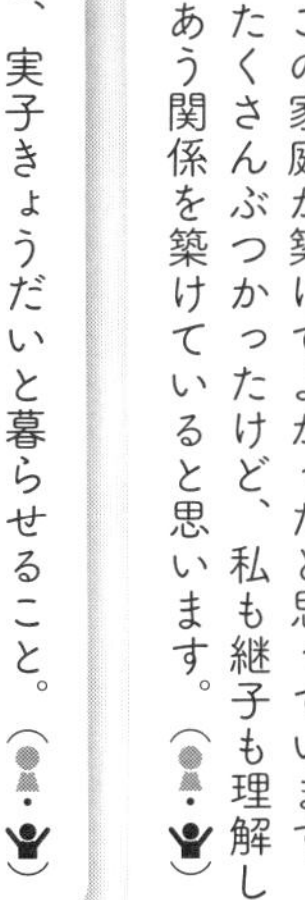

●この家庭が築けてよかったと思っています。たくさんぶつかったけど、私も継子も理解しあう関係を築けていると思います。

●継子、実子きょうだいと暮らせること。

●子どもをもつことができてよかった。実子がいなかったので、再婚することではじめて親のたいへんさと喜びがわかった。たいへんだったし、逃げ出したかったことは何度もあったけど、いまは幸せな生活を送れているので、やっぱり再婚してよかった。

●それまでのひとり暮らし生活よりは、好きな相手（夫）といっしょだし、家族をもつことで（よくいえば）充実した濃い生活を送れていると思う。また、このような経験によって、子持ちの人の気持ちがわかるようになったし、子連れ再婚の人の気持ちも理解できるようになったし、子どもというものを少しずつ理解できるようになった。また、自分を成長させることにつながるのではと期待もしている。

●自分の子どもではありえない経験を、継子がさせてくれたこと。

●継子の母親として名乗れる。継子と実子が姉弟になれた。家族みんな同じ苗字。苗字が同じだとメンドクサイ説明とかしなくていいから、らくです。

●いままで経験できなかったことを経験できる。

●継子が自立してから、新しい関係をつくることができた。

〈家族が増えたこと〉

●自分の家族・家庭が築けていて、日々忙しいなりに幸せ。

●子どもをもつこと。家族がいっきに増えたこと。子どもの将来が楽しみになったので、私の人生にも深みが出る。人生の経験値が上がること。結婚相手の幸せそうな顔が見れること。子どもや相手をとおして世界が広がること。忙しくなったので、時間を大切にするようになったこと。子どもボランティアの経験が活かせたこと。人生の可能性が広がったこと。自分の両親や家族が喜んだこと。家族の協力する姿勢がうれしかったこと。

●家族が増えて、いさかいや問題がなく、いっしょに一家団欒したり、どこかに出かけてみんなが笑っていられるときに幸せを感じます。

●連れ子が増えたぶんたいへんさも増えたけど、喜びも増えたこと。血はつながってないけど、実子にきょうだいができたこと。自分や実子を心配してくれる人が増えたこと。

●家族が増えた。息子にきょうだいができた。

●病気になってたいへんなときにパートナーと子どもたちが支えてくれた。ひとり親のときは不安だったこともパートナーと話せるし、うれしいことも分かちあえる。

●たくさんあります。ひとりですべてをおこなわなくてよくなった。負担が減った（家事や学校行事など）。血のつながりを超えた絆ができていることに対して感動する。

●心の拠りどころができた。子どもの成長を喜ぶ回数が増えた。

●自分の家族が旦那だけではなく、いっきに子どもも増えたこと。楽しいこと、悲しいこと、共有できる人がいっきにふたりも増えたことは幸せに思う。悩みも倍だが。

●「家族」という塊でみてもらえるようになったこと。

●第3子ができ、一時は息子も肩身の狭さを感じたようでしたが、いまは頼りになるお兄ちゃんと次男が慕ってくれ、息子もそれに答えようとしてくれてる姿を見ると、いろいろ悩みもあるけどよかったのかなとは思ってます。

- 家に帰ってもひとりでない、会話ができる。

- 子どもとの時間が増えた。新しく生まれた子どもがかわいい。

〈子どもが生まれたこと〉

- セメント（ベビー）が生まれたこと。

- いろいろな問題がいままでありすぎて、正直よかったとは思えない。ただ、息子が生まれたことはとてもよかった。

- いまいるセメントたちと親子になれたこと。

- 娘が生まれたこと。

- 経済的な安定、新しい息子の誕生、私の連れ子にきょうだいをつくってあげられたこと。

- 自分の子（セメントベビー）を産んでもらったこと。

〈わが子にとって。そのほかにも〉

- 連れ子が学校での友だちのいじめの問題を、私ではなく夫にだけ相談したと聞いたときに「やはり父親のような立場の人」が男の子には必要だったのかと思いました。

- 経済的には恵まれていたので、子どもたちと過ごす時間ができた。いろいろ旅行にいけた。

- わが子に父親ときょうだいができた。

- 私が明るくなることで、子どもも喜んでくれたと思います。

- 世間体がよくなった。

- 前回の結婚より幸せだし、成長できていること。

- 友だちが増えた。

自由記述欄につづられた声

Q 周囲の人や教育機関・行政機関・医療機関などとかかわるなかで、困ったことやいやだと感じたことはありますか？それはどんなことですか？

〈周囲の人、近所とのかかわりのなかで〉

●小さな町に嫁いだので、まえの奥さんを知ってる人や奥さんの友だちもいて話しにくい。

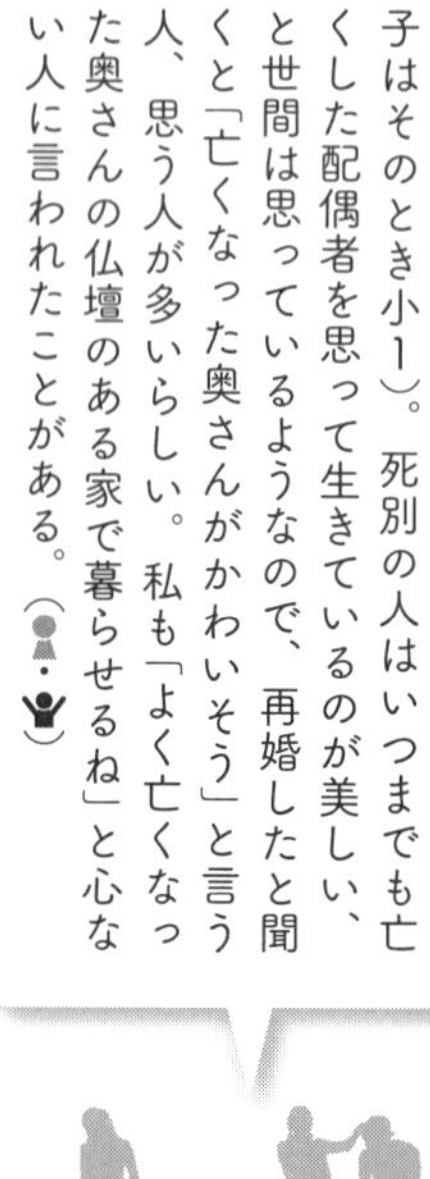

●夫は、奥さまを8年前に癌で亡くしました（息子はそのとき小1）。死別の人はいつまでも亡くした配偶者を思って生きているのが美しい、と世間は思っているようなので、再婚したと聞くと「亡くなった奥さんがかわいそう」と言う人、思う人が多いらしい。私も「よく亡くなった奥さんの仏壇のある家で暮らせるね」と心ない人に言われたことがある。

●近所が後妻と後妻の連れ子と知ってるので、つい避けてしまいます。継子の学校関係は旦那に任せてます。

●子どもをしかる声が大きくて外に漏れたり、しかっている場面を近所の人に見られていたせいか、ことあるごとに「お子さんをしからないでください。あの子はいい子なんです」と言ってくる近所の人がいる。教育機関や行政機関、医療機関で困ったことはないが、無料で相談できるところが少ない。

●継子がやらかしてることをすべて私のせいにされ、家庭環境が複雑だからね、ですまされる。覚悟して結婚したのだから、継子の面倒をみて、愛して当然と。子どもの味方ばかりで継母の味方はいないこと。

●再婚家庭ということで、ちょっとしたことでも虐待を疑われるようになった。

●再婚というと、子どもがかわいそうという反応が多い。

●わかってて再婚したはず、とか、自分が選んだ相手だからがまんして当然という感じに言われる。なので弱音を吐けないし。人の不幸が楽しいのか、興味本位で聞かれ、うわさ話にされる。（・・）

●継子はいじめられているかわいそうな子、継母はいじめる意地悪な人という偏見をもつ人は多いと思います。子どもが成長するにつれ、それを利用して同情を得ようとします。（・）

●継子を愛してあげてくださいと言われる。（・・）

●子連れ再婚家庭だと知った人から「どんな感じなの?」と深く聞かれるときは、心配して聞いているのか？　それとも好奇心で聞いているのか？　と不快になる（必要なら自分から話す）。（・）

●周囲がステップファミリーに理解がないのはしかたないと思っているが、実子でないことをオープンにしているにもかかわらず、実子と同じようにされるのが、苦痛。大人と子どもが同じ家に住んでいる＝親と子どもの関係になるわけではないということをわかってほしい。（・・）

●実娘はパートナーのことをお父さんと呼ばず、名前で呼びます。近隣地域のお友だちや保護者の前でも名前で呼びます。そのことにパートナーは悩み、解決の手だてを模索しています。パートナーはご近所づきあいを拒否して表に出ず、私自身が対応に困ります。（・）

●仲のよいママ友以外の人から、あの人って再婚だってと陰口などがあること。（・）

●ママ友どうしで集まったときなど、私は赤ちゃんのときから育てたわけではないので、小さかったころの話や赤ちゃんのころの子育ての話になると、母なのに知らないことばかりで寂しくなります。（・）

●連れ子と実子（セメント）の顔が似てないというような話が出ること。また、小さいころの話を振られてうまく答えられない、など。（・）

●幼少時のことは知らないため、聞かれても困る。世間体としても親のふるまいを求められることがあるので、精神的に負担になる。（・）

●夫から「ほんとうの母親ならこうはしない」などと言われるときがあり、つらかった。継子が甘えてくると、ほんとうに申し訳ないけれど、生理的に受けつけられない気持ちのときがあった。

●旦那からの愛が感じられないと、継子がいやになる。旦那と継子はイコールで考えるのがあたりまえと思うのに、まわりには理解されない。

●義母がプレッシャーをかけてくる。

〈教育機関とのかかわりのなかで〉

●継子の学校行事に参加するときの周囲の反応を思うとつらかった。でも、覚悟して再婚したんだし……と思い、弱音が言えなかったのがまたつらかった。

●学校の先生はさまざまな対応でした。事情を理解しようとしてくれる先生もいましたが、たくさんある問題行動に対し、継母だからね、みたいな見方をされることもありました。

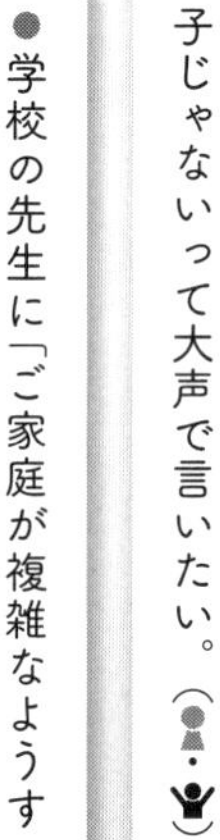

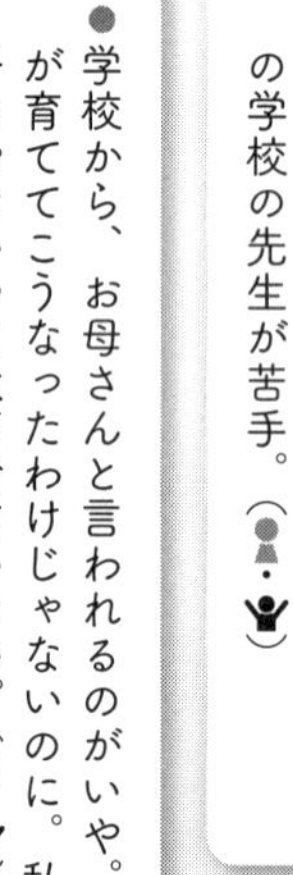

●継子の学校行事に参加したり、継子つながりのママ友とかかわるのが苦手。

●学校行事に参加するのがいや。娘の顔が前妻にそっくりになってきたこと（前妻とも知り合いでした）。

●継子のお友だちのママとか苦手。継子の学校の先生が苦手。

●学校から、お母さんと言われるのがいや。私が育ててこうなったわけじゃないのに。私の子じゃないって大声で言いたい。

●学校の先生に「ご家庭が複雑なようすで」と言われた。

●上の息子が高校3年生のときに再婚して養子縁組したが、卒業式まで新しい姓ではなく旧姓で通したいとお願いした。ただ先生から「そう言われても私、まちがっちゃうかもしれないんで」と言われた。名前が変わることについて学校でも手続きがたくさんあり、いやがられた。

●継子がまわりの大人が私のことを「新しいお母さん」と呼ぶことにひどく怒って強く否定したらしい。友だちに私の存在を知らせたくないらしく、継子の学校行事に顔を出さず、結局卒業式にも参加しなかった。子どもの友だちが来ても私はあえてあまり顔を出さないようにしていた。継子の友だちのお母さんたちから(夫を通じて私に)誘いを受けることも多々あったが、子どもがいやがるので～と正直に言い訳をした。

●継子の学費を払いたくない。

●学校の役員になり、学校とかかわるのがとても面倒くさく感じます。愚痴を言うと悪口ととられ、意地悪な継母のイメージで見られてる気がして、孤独感を感じます。

●学校の面談がいやです。

●連れ子に実親と同じように接しなければならないとまわりが見ているのがつらい。学校行事など、実親であればテンションが上がるイベントには行きたくない。実子と自分のあいだに必要以上に入ってきてほしくない。

●養子縁組をしなかったので、子どもは苗字そのまま、自分は変わりましたが、学校には高校生活もあと一年なので、知らせてません。夫の税扶養にはなっていますが。

●実子と継子は同じ年齢で、同じ学校に通っているので、学校行事には参加しやすいですが、うちは入籍していないので、PTAは別家庭になり、PTA会費は2家庭ぶん支払います。

●子どもがお腹のなかにいたときの気持ちや、生まれたときの感想や手紙の提出など、実母でないと答えられない学校の宿題。

●養子縁組していないことをだれにも言えない。教育機関とのかかわり方がわからない。

●苗字が変わることで学校のいじめがあるのではと、そのまま籍を入れず、事実婚の状態でいました。結婚生活は10年でした。

●奨学金の申請時に、親権者ではないのに非課税証明書が必要と言われ、手続きに手間どった。

〈行政機関、制度とのかかわりのなかで〉

●継子には実子ほど関心がないので、園の行事で継子（年長なので）を優先しなくてはならないときは苦痛。

●継子の保育所の先生に、継子の情緒が不安定なときに「もっとふたりの時間をつくってスキンシップをとってあげろ。抱きしめてあげろ」と言われたが、それができなくて悩んでるのにと思った。実子が月謝袋を忘れたときに、再婚家庭だから実子が悩んで月謝袋を盗んだのではと疑われた。

●継子の婚姻届の母親欄に私の名前が書かれないことを教えられたとき。養子縁組をせっかくしても、私が母親になりきれない法的で医学的な領域があると感じた。なのに、小学校からの呼び出しは養子縁組をしていない継母の私にかかってくる。公共機関が何をしたいのかわからない。都合のいいときだけお母さんで、お母さんになりたいこっちの要求には答えてくれていない気がする。

●日本はいかなる状況でも子育てについては母親という感覚が大きいと実感する。検診や保育園では、実父がいるにもかかわらず、まずは母親に連絡がある。共働き核家族世帯という点でも、もう少し理解がほしい。

●戸籍にいつまでも子どもの実父の名前が載っている。戸籍上、再婚して生まれた第2子の娘が「長女」となるのが受け入れがたい。

●連れ子と再婚相手は養子縁組しておらず、氏も違うため、説明がめんどくさいこと（理解が得られないこと）。

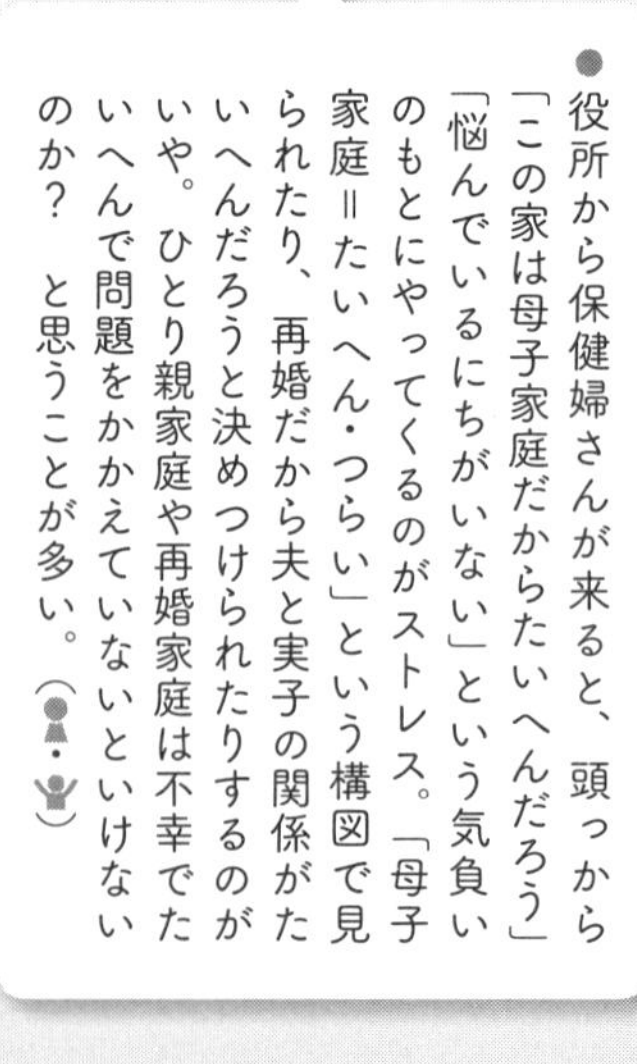

●役所から保健婦さんが来ると、頭っから「この家は母子家庭だからたいへんだろう」「悩んでいるにちがいない」という気負いのもとにやってくるのがストレス。「母子家庭＝たいへん・つらい」という構図で見られたり、再婚だから夫と実子の関係がたいへんだろうと決めつけられたりするのがいや。ひとり親家庭や再婚家庭は不幸でたいへんで問題をかかえていないといけないのか？　と思うことが多い。

〈医療機関とのかかわりのなかで〉

● 児相に継母についての悩みを相談したが、母親（実母）であることが前提のような助言しかもらえなかった。

● 相談窓口で相談しても、どこの家庭のどこの子どももいっしょだと言われ、理解されなかった。

● 子育て支援センターで継母子のかかえる悩みを話しても、気持ちが救われることがなかった。

● 実子の1歳半検診時に、継子がいるために、実子の同年齢の人たちとのかかわりをもつのが怖いと相談したときに、そんな家庭ではしかたないよね、と一蹴されてしまい、自信をなくした。保健師ですらそう思うのだから、一般の人の理解はなかなか得られないであろうと思いました。

● 継子たちの母子手帳がない。継子たちの実親とのかかわりがうまくできない。

● 実母の書いた母子手帳を見なければいけないとき。親権者は実父であるのに（日本の法律）、実父（また実親である実母）がきちんと継子を育ててこなかった、育てていないのに、継子の問題はすべて母親役の継母のせいにされる。日本の、父は仕事、母は育児という固定概念。継母が毎日どんなに努力していようが、わかってはもらえない。

● 家族で予防接種を受けにいき、継子の母子手帳に書いてある母親の名前と私の名前が違うと言われ、すごくいやな思いをしました。また、元嫁のことが書いてある母子手帳はさわりたくもないし見たくもない。

● 病院に行くと母子手帳の母親の名前が違うと言われ、不快な思いをした。また、母子手帳を見るたび、夫と元嫁との連名を目にするため、とても不愉快な気持ちになるし、継子とは他人だと実感させられる。継子と実子の誕生日が1か月しか違わないため、書類などに生年月日を記入するさい、毎回、不思議がられたり、指摘される。

● 病院で母子手帳を見ると、私を無視して子どもだけと医師が話すので、信頼されていないと感じた。

●継子の母子手帳には私の名前が書いてないので、予防接種の問診票は主人が記載。病院に行くと継子の既往歴や出生体重も聞かれるので、可能なかぎり主人も同行。ふたりで行かせると主人と継子がベタベタしてると想像してしまって耐えがたいので私も同行。でもそれが面倒くさくてきらいです。

●予防接種や病気の履歴確認。生まれたときのことなど書かされる。以前はどこに住んでいたのか、どこの幼稚園だったとか、過去を聞かれること。

●子どもはひとりなのかと聞かれて、説明が面倒。へんに興味をもたれたりするので。継子の小さいころのことを聞かれたこと。予防接種の履歴など。

●結婚当初、肥満、総虫歯、予防接種が足りないなどで、事情を知らない場合、母親なのに何やってきたの！ のように怒られたりしましたが、育てはじめたばかりだというとわかってくれました。

●小児科で「既往歴」を聞かれると難しい。

●風邪などで病院にかかるときに、「いままではどうでしたか？」というような、生まれてからいっしょに生活するまでの期間のことを聞かれると困る。

自由記述欄につづられた声

Q これから再婚家庭を築こうとしている人にアドバイスをするとしたら、どんなことを伝えたいですか？

●結婚するまえに各自の家庭での役割についてしっかり話し合ったほうがいいと思います！こんなことを期待している、というのをおたがい話して、できないとか無理がある部分はきちんと話し合ったほうがいいです。

●再婚家庭についてよく学んでから再婚したほうがいい。とくにデメリットを学んだほうがいい。再婚前に旦那さんと、自分の子どもは自分が責任をもつなど、ルールを決めたほうがいい。再婚前におたがいの連れ子もふくめてお試し同棲をしたほうがいい。

●パートナーにいろいろ求めすぎないこと。

●再婚相手はきちんと話し合いができる人がよいです。

●養子縁組は慎重にしたほうがよいと思います。

●私はかならずしも、再婚時に養子縁組をする必要はないと思っています。再婚は親の都合で子どもに選択権がないのであれば、養子縁組をして親子になれるかどうかの選択肢は残してあげてほしいと思います。子どもが自分の意思で養子になれる15歳になってから、この人を親とするか他人とするかを考えてもらうことは必要なことではないでしょうか。わが家は長男が15歳になったとき、再婚から3年が経過してから子どもたちに養子縁組のメリットとデメリットを話し、子どもたちが望み、夫が望んだので、養子縁組の手続きをしました。再婚相手＝新しい親でもありません。親はあくまで子どもの遺伝子上の元夫婦です。過度に相手に親であることを期待せず、押しつけず、自分が親なのだという意識をもち、相手にとっては継子であることを忘れずにいてほしいと思います。「母親がほしい」「父親がほしい」という理由で新たな配偶者を求めることは、最終的に配偶者にも子どもにも負担を強いる可能性があることを理解してもらいたいとも思っています。

- 一般的な家庭のようにしよう、なるだろう、と期待せず、再婚家庭は一般家庭とはまったく違った独自の家庭をつくっていくものだと考えておいたほうがいいと思う。また、周囲から理解を得られず孤独を感じることも多々あるので、相談できる同じような境遇の人たちやカウンセラーと知り合っておいたほうがいい。

- ひとりで悩まず、気持ちを吐き出せる場を見つけてほしいと思います。

- 相当の覚悟と、忍耐、妥協が必要です。

- かんたんに考えてはダメ！ 気配りや気づかいができなければ、成立しないし、ときとして自分を殺すことさえ必要だと思う覚悟で再婚すること。

- 再婚はやめたほうがいい。継子を受け入れられると思うのははじめだけ。生活していくうちに疎ましくなる。

- ステップファミリーのことを勉強してほしい。

- 結婚にこだわらず、事実婚でもぜんぜんいいと思う。子どもがいる場合は、きちんと子どものこと、家庭での役割など、きちんと話し合ったほうがよい。あとは聞きにくいけど、預貯金や、月々の給与の額など明確にしてくれるか、してくれないならば聞くことが大事です。

- そう甘くはないですよ。たくさん覚悟してください。でも、時間はかかるけど、長い目で考えるときっといいこともあるはずです。

- 自分の居場所をつくれるように、自分の部屋を確保してください。

- 継子に対していやだと思う点をパートナーに言えないのであれば、再婚すべきじゃないと思います。

- まず、夫婦のパートナーシップを大切にする。結婚前に「どんな家庭を築きたいか」をよく話し合うこと。家庭内のだれかひとりを悪者にしない（その人がいなくなっても、まただれかがその役割をするだけ）。家族のカタチにこだわりすぎない。夫婦ふたりの時間はかならずつくって、夫婦の関係をよりよくする。子どもたちを子どもと思わず、ひとりの個人として考える。尊重する。

●再婚はできればやめたほうがいいと思います。するなら、いきなり「ふつうの家族」になろうとは思わず、子どものことは基本、実親が面倒をみる、という約束をしておいたほうがいいと思います。

●継子がいるなら巣立つまでは修行、ボランティアだと思うことです。

●妥協しない。敬い、いたわり、感謝の気持ちをしっかりもつ。

●それぞれ子どもの有無、再婚初婚と立場や経験に違いはありますが、できあがってる関係から新たに家族としての関係を築くので、自分も相手も尊重しないとよけいにたいへんなのかなと思います。

●私は義父母にずいぶん助けられています。ほんとに感謝の気持ちだけです。なので、義父母はもちろん、連れ子や親戚の方もふくめ、家族どうしのつきあいが良好にできることが、ステップファミリーを続けていけるひとつの要因だと私は感じています。

●初婚どうし以上に、夫婦の話し合いが大切だと思います。それができない場合は再婚をお勧めしません。自分ひとりで問題をかかえないで、ただの愚痴でもいいのでだれかに聞いてもらってください。相談機関があれば、相談してください。とくに初婚継母の場合、ひとりでしつけも責任も義務も子どもの反感もすべて引き受ける必要はないです。実父にがんばってもらってください。

●無理に親子関係をつくろうとしないこと。子どもには愛してくれる大人がそばにいたら、親じゃなくてもまっすぐ育つ気がします。

●相手に子どもがいるなら、大きくなるまで再婚しないこと。

●たいへんな道です。できれば再婚を考えなおしたほうがいいかも……と正直言いたいです。いろいろと決めたことも気持ちもいっしょに生活すると変化していきます。

●相手とじっくり話し合うこと。相談できる人（場所）を確保すること。息抜きができるようにすること。

●一概に言えませんが、あまりがんばりすぎずに最初から一線をおく(ほどよい距離感)感じのほうがよいこともあるかもしれません。

●結婚前にしっかり話し合うことが必要だったと後悔しています。初婚夫婦のような雰囲気を夢見ていたので、現実に面食らうことばかりです。パートナーとしっかり話し合うことです。

●けっして損得で考えないでください。衝突はかならずあります。でも、血がつながっていたって衝突は起こります。血がつながっていないことを理由にすることで、問題の本質を見極めることから逃げないでください。時間はかかります、私も「もう、出てく!」と言わなくなるまで4、5年かかりました。それでも、問題が起こるたびに向きあった結果はしっかり出たと、いまは思っています。

●暮らしていくうちに家族になるんだと思う。足りないとこを補う感じ。うちは楽しく暮らしています。

●まわりのいうことに振りまわされない!

●再婚前よりも、生活がはじまると、思っていた以上に違う生活で、かまえていたけれど、そんな想像を優にはるかに超えてしまうほどたいへんです。

●子連れ再婚はできればやめたほうがいい。するなら、自分の子どもは自分で責任を。継親に期待しすぎない。

●父親がほんとうの父親になれるか、子どもが父親を大好きかによると思います。

●パートナーが、しっかりと継親を支え、継親の苦労を理解してくれることがとても重要。話し合いをまともにできる関係性でいることが絶対条件だと思う。

●夫の両親とは同居しないほうがいいと思います。

●新たなパートナーとの絆はほんとうに大事だと思います。

●(子連れ再婚は)ぜったい勧めません。

●（子連れ再婚に）反対します。

●産みの親より育ての親。子どもは鏡。慎重に慎重に。

●子どもがほんとうの母親を認識している年齢での再婚は、自分が母親になろうとは思わないほうがらくだと思います。

●よい親になろうと焦らないように。子育ては親育てだと思って、ゆっくりいっしょに歩んでください。

●想像しているよりつらいことがたくさんある。周囲は継子の味方。

●家族以外で、話を聞いてくれる場所、共感してもらえる人をできるだけ多く見つけるといいと思う。いちばん理解してもらいたいパートナーに共感を求めても、理解してもらえないため。継母さんは同じような悩み、苦しみをかかえているんだっていうことを知ってもらいたい。

●子どもに対して、必要以上にがんばらないで！

●正直、とってもたいへんです。パートナーとフラットに話し合える関係をしっかりつくってから再婚するようにしてください。それと、よき母親幻想は捨てて、自分に正直でいるように心がけてください。

●無理に子どもに再婚相手を親と認識させず、完璧に親になれなくてもおたがいが仲よくできるのがなによりだと思う。

●子連れの人は、最低限、自分の子どもには責任もてるように自立してから再婚を考えましょう！　相手もきちんと自立できて、お金にゆとりがある人がオススメ。愛なんていらなくて、情だけのほうがらくかも～。

●あなたが男性なら……やめておきなさい。茨の道です。あなたが女性なら……よく相手を見極めなさい。あなたの未来は彼にかかっているのですから。

●責任感や覚悟はもちろん必要ですが、それがあまり先立つと「やさしさ」を欠いてしまう。無理にかわいがる必要もなく、無理にしつける必要もなく、おたがいの自然体を探しだせれば、よい関係が築いてゆけると思います。

●再婚家庭を継続することはかんたんではない。疎外感を感じたり、まわりの視線を感じて閉鎖的になってしまうこともある。そんなときはかならずパートナーとの話し合いが必要。自分の言い分を通すパートナーでは難しい。継親の立場が容易ではないことをしっかり理解し、支援しつづけるパートナーが必要と感じる。継親本人も、あいだに挟まれているパートナーのつらい立場を考える時間をつくらなければいけないのでは。継親は実親と競争してしまう傾向にあるが、それは疲れるだけ。いっそ利用してしまいましょう。実親と子どもの面会時間にゆっくり休む、衣服などは実親に買ってもらう(子どもと離れて暮らす親はものやお金で子どもを釣る傾向があるので割り切って……)。実親が子どもが大きくなってからいっしょに暮らしたいと言いだすかも……やらせてみるのもいい。うちはうまくいかず、1年もしないまに子どもは実親の家から出ていった。そういったなかで子どもも親もいろんなことが理解できる。一朝一夕で完成できるものではないけど、かならずしもうまくいかないわけではない。時間がかかること、努力がともなうことを理解してほしい。そのぶんいいことが起きたときはうれしさも倍増。

●日本には偏見がありますが、アメリカではステップファミリーはあまりめずらしいことではありません。宗教の違いがあるかもしれませんが、むしろすばらしい、かっこいいこととしての認識が多いと思います。堂々としていれば、みんな祝福してくれると思います。人間関係にはいろいろなかたちがあると思い、型にはまらないように心がけています。「母とはこうあるべき」では長続きしないと思うから。継子が3人ですが、それぞれ関係が異なります。小学生の末っ子にとって私は《ママ》でしょう。発達障害のある真ん中の中学生女の子にとっては《親友》みたい。高校生の長女は《お姉ちゃん》みたいに接してくれます。そして焦らず、ゆっくり家族をつくっていけばいいと思います！

●継子にとってほんとうの母親にはなれない。でも最大の理解者であること！

●相手の子どもは自分の子どもではないので、自分がしてあげるという意思はつくらないほうがよいかも。

●安易に再婚するなら、ひとりのほうがよほどらくです。

●金銭的にらくになるために結婚を選ぶとき、その人が子どものためにお金を使ってくれるのか聞いてみてください。案外らくさせると言いながら人生観が違い、大学費用はおろか塾代も出ししぶることがある。母子家庭の子どもは自宅学習がおろそかになりがち。それを最初から理解してもらい、これからの教育費を算出して、それでもいいのか聞いてみるといい。

●無理をしない。がまんしすぎない。継子やパートナーに過剰な期待はしない（とくに継子は血のつながりしかみないので、何か問題があったときは自分を責めすぎない）。家庭がすべてにならず、自分の世界をもつ。

●子連れ再婚はどうしてもおたがいの子どものことでもめるので、再婚前に不満に思うことなど話し合える関係をつくっておいたほうがいいと思います。

●人が好きで人として成長したいと思っているなら、再婚家庭で学べることはたくさんあると思う。人ぎらいで人間関係が複雑化することに不安を感じるなら、再婚はやめたほうがいいと思う。

●再婚家庭だからといって何も負い目を感じることはありません。

●実子、継子についての子育てもだが、経済面は少なからず実親が責任をもつべきということを証書にするほうがよいと思う。前妻（生みの母親）とのかかわりやとり決めについては入籍前にかならず確認しておくべき。

●夫婦ふたりの気持ちより、子どもの気持ちを優先すること。子どもの気持ちをおいてふたりだけで盛りあがらないこと。子どもはいつか成長して大人になるので、物心ついた子どもに無理強いして再婚する必要はないと思います。

●どれだけ覚悟があっても、想定外、想像以上の連発で、自分の汚いとこ、人間として劣ってるとこが丸裸になる日常です。そして、つねに自分を責めて自己嫌悪。精神衛生上、とても勧められない。こんど生まれ変わったら、ぜったいステファを選ばないと思います。

●結婚はタイミングだと思います。あと、どれだけ相手を思いやれるか。それだけで、壁に当たっても乗り越えられると思ってます。

● 子どもの小さいうちに再婚すべきだと思う。

● 初婚の方と再婚をする方、自分に離婚歴があることは負い目ではないと思います。離婚から学んでいることがたくさんある、だから離婚歴があるということは学んでいることも多いんだと私は思っています。必要以上にパートナーに負い目を感じていると、うまくいくこともうまくいかなくなる、そう思います。

● 自分が自分がではなく、どうするのが相手も気持ちよく暮らせるかが大事だと思う。

● 勢いで決めては疲れる、大人も子どもも。

● 子どものしつけなど育て方について十分に話し合ってほしい。相手に一方的に自分のやり方を押しつけないでほしい。連れ子をじゃまという気持ちが少しでもあるなら、いっしょにならないでほしい。

● 再婚はやめたほうがいい。

● 母になる人が初婚の場合、よほど父になる人がデキタ人でないと苦労します。それを、事前に漠然とではなく、しっかり理解してほしい。そして、そのように理解できるような社会のしくみがほしい。結局は、新しい母の力しだいで、継子がどう育つかに影響するから。乳児院からの養子縁組は、とても慎重に、講習やステップを経て家族になります。それと同じぐらいのサポートが、母業未経験の継母予定者にも必要な時代になっていると思います。

● パートナーとたくさんたくさん話しあうことがいちばん大事。友だちや親に相談できたとしても、いちばん理解していてほしいのはパートナーだから。入籍するまえから、不安なことや何か問題が起きたとき、ふたりで話し合うことを習慣づけることをしてほしい。

● ふつうの家庭では起こらない問題や悩みがかならず起こります。私もいくつも体験してきました。自分ひとりで消化しなければいけないときもありました。正直、いまでも子どもやパートナーの顔色見ながらの生活です。楽しいことばかりではないです。相談できる場所も少ないと思います。でも同じ悩みをかかえてる人はほかにもたくさんいるはずです。交流できる場所をどうにかして見つけてほしいです。

●相手に連れ子がいる場合も、けっして親としての立場にならなければいけないというわけではない。（・・）

●とにかくパートナーとよく話し合える関係を築き、まわりの言葉に流されないで、いつもふたりで納得できるよう話し合ってほしいです。（・）

●背伸びせず、あるがままの自分でいられるパートナーとなら、長く暮らしていけると思います。（・）

Ⅱ

子連れ再婚17家族の証言——追跡インタビュー

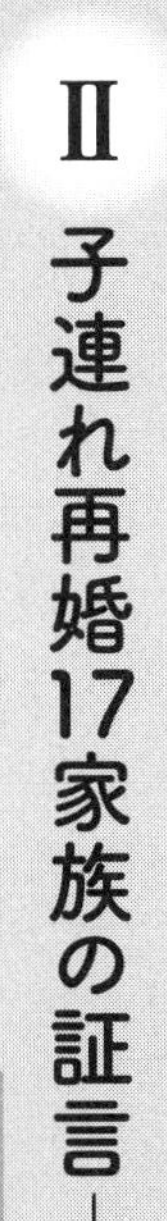

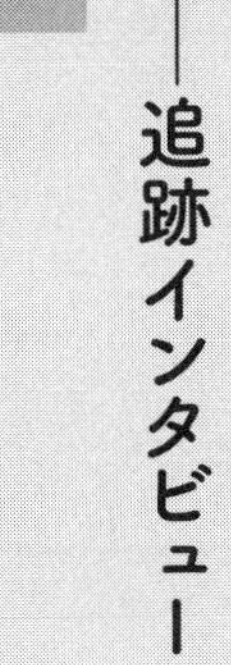

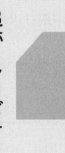

証言

さまざまなかたち、それぞれの事情

アンケートだけでは読みとれない子連れ再婚家庭の実態を知るために、アンケートをお寄せいただいた何人かの方に取材をさせていただきました。

ステップファミリーには、どんな組み合わせの家族があるのか。

どんな成り立ちがあるのか。それによりかかえる事情や問題がどう違うのかを、こちらのインタビューから読みとってください。


*——以下、取材対象者とその家族の名前はすべて仮名です

1 父子家庭×初婚女性の
山崎さん一家の場合

山崎雪子さん

［家族歴］2年
［家族構成］夫（49歳）、夫実子（14歳♀）、夫父（80歳）
妻（46歳）

［現在の家族の問題点］
・事実上の家族生活を送っているが、娘の心情を気づかって、夫との入籍になかなか踏みきれない。
・継娘の学校行事に参加できない。見学にいこうとすると「来ないでほしい」と言われ、正直ちょっと寂しい（継娘は周囲の目を気にしているよう）。
・継娘に気をつかってしまい、夫とふたりだけで外出することもなるべくしないようにしている。

■人柄に惹かれ、シングルパパとつきあうことに

「彼からおつきあいしてほしいと言われたときに、この年齢からのおつきあいだと結婚前提ですよね？　あなたには子どもがいますよね？　と言って、私はしばらく考え込んでしまいました」と言うのは山崎雪子さん。雪子さんとは、私のカウンセリングのクライアントとして2年前に出会いました。当初の悩みも克服されて、現在は前向きにステップファミリー生活を過ごしています。

雪子さんと夫は趣味のサークルで出会いました。音楽好きが集まるサークルのグループメールで彼を知り、そのイベントで彼に出会いました。その日の会話で、ほかにも水泳という共通の趣味があることに盛りあがり、ダイレクトメールのやりとりをするようになりました。

「彼とのメールのやりとりのなかに娘さんの話がたまに出てきて、彼が塾などの送り迎えをしているという話だったので、シングルパパなのかなってうすうすは感じていました」と雪子さんは言います。

頻繁なメール交換が続いたある日、彼からプールに誘われました。それがはじめてのデートでした。はじめてのデートがプール？　と聞く私に雪子さんは笑いながら「水泳好きな人って水着姿がはずかしくないんですよ。でも水泳のあとにふたりでジャグジーに入っ

たときに、少しはずかしさを意識しました。だって、すっぴんだし水着だし飾りようがないかっこうなんだということにふと気がついたので……」と。そんなデートのあとにふたりは急接近。その後のメールで、彼の妻が4歳の娘を残して癌で急死したことを知ります。メールと月1回くらいのデートを重ねた3か月後のある日、彼から正式におつきあいしたいと言われたそうです。

雪子さんが40過ぎまで結婚をしなかったのは、仕事をバリバリとこなすキャリアウーマンだったからです。過去に結婚の話もありましたが、子どもを早く産んでほしいから結婚したいという相手に拒絶反応があり、躊躇しているうちにタイミングを逃したといいます。そろそろ結婚したいなとは思うものの、彼は都心から2時間もかかる郊外で暮らす子持ちの男性です。結婚したら苦労をするばかりか、仕事も思うようにできなくなることが目に見えています。それでも雪子さんがおつきあいを承諾したのは、彼の人柄に惹かれていたし、死別という過去に同情もあって、難しいことは考えないでつきあってみようと思ったからだといいます。

■急展開の「私が家事をやります」宣言

おつきあいがスタートして彼から娘の話を聞くこともさらに多くなり、雪子さんは娘にも会ってみたいと思いはじめました。彼と相談して、いっしょに遊園地に行くことを企画しました。「継子との最初の出会いは、彼と交際して1年目の継子が11歳のときでした。パパの仲よしの東京のお友だちって感じで紹介されて、遊園地で楽しく遊べたし、気に入ってもらえたかなっていう自信もありました」と雪子さんは出会いの第一印象を語ります。

ところが、いっしょのデートが何度か続くにつれて、継子がいつも不機嫌なことに気をつかうようになりました。「なんだかわからないけれど、いつもイライラしているんです。機嫌が悪くて、いっしょに車に乗るときに、後部座席に鞄を投げつけてふてくされていたり、鼻をかんだテッシュをわざと前に座っている私たちのほうに投げてきたり。そんなときに私も彼も何も言えなくて、気まずい空気になりました」と雪子さんは振り返ります。

そのうち、雪子さんと彼が仲よく話をしていると「うるさい」と急に叫んだり、「ゆるせない」と言われたりするようになりました。「小さな子どものそんな態度に私は困るばかりで、がまんするしかなかったです」と雪子さん。子どものいない初婚の雪子さんにとっては、子どもと接することもはじめてだったし、とまどうのも当然のことだったと思います。

そんなことが続いたので、雪子さんは彼との結婚に自信をなくし、子どもが成長するまで冷却期間をおいて、子どもを巻き込まないようにおつきあいしていけばいいのかなとも考えるようになりました。

そんなある日、彼の母親がくも膜下出血により急死しました。彼は祖父母と同居で生活をしていたので、家事を引き受けていたお母さんが亡くなって、とても困ったようすでした。雪子さんはいても立ってもいられなくなり、気がついたら「私が引っ越してきて家事をやります」と口にしてしまっていたと言います。

「継子もおばあちゃんの死はショックだったみたいで、パパがお仕事にいけなくなる。家はどうなるの？と泣いて、彼が継子に私が来てくれると話をしたら、いつ来てくれるの？ と言ってくれたと聞いたので、使命感を感じました」と雪子さん。

■生活の激変、継子との衝突も乗り越えて

そんな流れで雪子さんは東京での仕事を減らして、郊外にある彼の家に引っ越しをすることになりました。それまでは、ひとり暮らしで気らくな生活でしたが、まるで１８０度逆転する生活になりました。夫だけではなく祖父や継子の面倒をもみる生活です。

亡き祖母は毎朝、炊きたてのごはんとみそ汁、和食にあったおかずをつくっていました。お昼に仕事先からもどってくる夫と祖父のためにお昼ごはんもつくり、夜は炊きたてごはんと子どもの気に入るおかずをつくる。毎日、掃除機をかけ、洗濯物は毎朝、２回は洗濯機を回さないと終わらない。

「はじめてのことだらけで、とまどいました。思春期の子育ての本やステップファミリーの本など読みあさって勉強しました。新川さんの著書に出会ったのもそんなときです。また、料理に関しても、レシピサイ

トを見たり、料理本を買ったりして学びました」と言います。

　そんな努力もむなしく、反抗期にさしかかった継子は料理の味が自分の好みにあわないと「まずい」と文句を言ったり、いっしょに生活しているのに無視をしてあいさつすらしてくれない態度でした。「私は自分に子どもがいないので、愛情をもってわが子のように接したいと思っていましたが、継子からしたら親だと思いたくないのが伝わってくるので寂しかったです」と雪子さん。

　あいさつすらしない継子に雪子さんからは声かけを続け、意識して話しかけるように努力しつづけ、2年がたったいまでは仲よくなれたといいます。ふたりの距離を近くしたのは、父親には相談できない生理のナプキンのお買いものでした。不愛想で話もしない継子が「羽根つき21センチ」とだけ言い捨てて、ナプキンの買いものを雪子さんに頼みます。雪子さんは毎月それを黙って用意しました。また中学校に上がるまえにブラジャーを買いにいこうと誘ったら「いまから行く」と言って、その日からいっしょにお買いものにもいけるようになったそうです。

　さらにふたりの会話を増やしたのは、継子が拾ってきた猫を飼うようになってからだといいます。猫好きな雪子さんは継子に猫の飼育についていろいろとアドバイス、それがふたりの距離を近くしました。

　最後に、未婚で結婚し、セメントベビーもたずに他人の子どもを育てている雪子さんに、セメントベビーがいたらどうだったかと尋ねました。

「継子とうまくいかなかくて深く悩んでいた時期には、セメントができたらいいのにと思うことがありました。継子がまったく懐かず、かわいく思えなかったし、継子を憎いと感じたこともありましたから。それに私は、この家族で唯一血がつながっていない存在なんだと強く意識してしまい、疎外感をかかえていました。でも、継子がすっかり懐いたいまは、考えが少し変わりました。もしも私と夫のあいだにセメントができたら、継子が疎外感を覚えて、悲しく寂しい思いをさせてしまうのではと考えるようになりました」

　いま雪子さんは、継子のためを思うとセメントはいなくてよかったと思うそうです。

2 父子家庭×母子家庭の小林さん一家の場合

小林美千代さん

［家族歴］5年
［家族構成］夫（28歳）、夫実子（6歳♂、8歳♂）
妻（32歳）、妻実子（10歳♂）

［現在の家族の問題点］
・継子ふたりがリビング（ソファ）を占領し、自分がゆっくりする場所や時間がじゃまされ、ストレスになっている。
・声をかけないと継子が水泳道具や学校のプリントを出さず、忘れると私のせいにされる。

■障害をもつ子の親どうし助けあえると同居

「夫はいまでも何かあるとすぐに離婚すると口にしますけど、私はこの5年間で強くなってたいへんさを感じなくなっていて、多少のことは見過ごすことができるようになりました」という小林美千代さん。美千代さんとは、私のカウンセリングのクライアントとして5年前に出会いました。当時は離婚をしたいという相談で、夫と別居もして仕事や新しい住まいを探していたので、てっきり離婚されるものだと思っていました。

美千代さんのお子さんには聴覚に障害があり、週に1回、特別支援学校の付属幼稚園に通っていました。そのときに出会ったのが現在の夫と夫の長男です。夫の長男にも軽い聴覚障害があって、同じ学校に通っていたそうです。

「連絡網が、私のつぎが彼だったんです。おたがいにひとり親家庭だから助けあおうねって話をしていました。参観日があって、そのときにうちの子の洋服のお下がりを彼にあげたのがきっかけで仲よくなり、それから頻繁にメールを交換して、最初のデートは水族館に子連れで行きました」と美千代さんは彼との出会いを語ります。

初デートでベビーカーに下の子（7か月）を乗せて、ミルクや紙おむつの入った大きなバックを下げて現れた彼を見て、たいへんだなと同情したといいます。不慣れな彼の子育てにいろいろとアドバイスをしながら、私なら彼を助けてあげられるという自信があったとのこと。1回目のデートで美千代さんは「再婚したら、こんなふうにパパとママがいる一般家庭になるのかな」と想像したそうです。

子どもたちの特別支援の幼稚園は、従来は親も手話や聴覚障害児の育て方を学ぶために付き添いの必要があります。でもひとり親家庭だと、子どもを預けて仕事にいかなくてはならず、いつも寂しい思いをしていたといいます。おたがい同じ思いをもっていたので、それを解決するためにもいっしょに暮らそうかという話になりました。

■実母との交渉のなかで入籍&養子縁組

このころは事実婚を望んでいた美千代さんは、入籍をしないで彼との同居生活をスタートしました。それから入籍を決意するまでの半年間、いっしょに暮らしてみてはじめて気がつくさまざまな生活習慣の違いや子どものしつけの違いが、美千代さんのストレスを募らせました。

実子とひとつしか年齢の違わない継子兄は、実子にくらべてできないことが多く、いままで夫はまともに子育てしてきていないと感じたそうです。

「4歳になってもきちんと食事ができないんですよ。とにかく汚くて、ミートスパゲティを食べると、髪の毛までミートソースだらけになるといった感じ。小食だと聞いていたけどそうじゃなくて、食べ方がわからない。教わってないから食べられないという感じでした。面倒くさいからお菓子ばかり与えられて、まるでしつけのされていない野生動物でした」と美千代さんは笑いながら言いました。

しつけができていないのは夫の責任もあるけれど、育児放棄していた実母にも責任はあると思っていた美千代さん。当時、そんな実母と継子たちは定期的に面会交流をしていました

継子ふたりが面会にいくときに、美千代さんの実子もいっしょに行きたいと言いだしたり、面会の約束を急にキャンセルされたり、約束した養育費の未払いが続いたり、新しい家族にとってストレスになることばかりでした。

美千代さんは、夫にかわって元嫁と今後のとり決めをしました。そのときに美千代さんは入籍をしたほうがいいと思ったといいます。「実母というだけで権利

を主張する彼女に対して、事実婚だと立ち位置が不安定で不利だなと感じました。継子を苦労して育てているのは私なのに、親の権限や決定権がないのはあんまりだと思ったので、入籍と養子縁組をしました」とのこと。

そして、その後の交渉で実母に面会交流の権利を放棄させました。気まぐれで会いたがったり、ドタキャンしたり、養育費を払わなかったり、子どものためにならない面会交流だったからそれでよかったと彼女は言います。

■子育て観の違いから喧嘩が絶えず、離婚を考える

いちばんストレスだった実母問題はそうして解決しましたが、継子の子育てのストレスは続きます。どんなことがたいへんだったの？　という私の質問に、美千代さんは日記を読みかえしながら「いろいろありすぎて、日記を見ないと思い出せないんですけど……」と言って、教えてくれました。

同居してすぐに継子の試し行動がいろいろはじまりました。トイレの壁にウンチを塗ったり、「お母さん！お母さん！」と大声で騒ぐので抱きしめようとしたら、髪の毛を思いっきりひっぱってたたいてきたり。お友だちと喧嘩をするといつも乱暴で、すぐに手を出して相手の子にケガをさせてしまったり。感情のコントロールができない継子のようすに、当時は発達障害なのではないかと疑っていたそうです。

愛着障害による試し行動だとわかっていても、相談窓口では継母であるということを言えなかったので、わかってもらえずに解決にならなかったといいます。このままではダメだと思い、勇気を出してカミングアウトして相談機関で発達障害の検査をしてもらったけれど、発達障害ではなかったとのこと。

「継子を厳しく怒っていたら、夫に虐待だと言われて、頭にきて夫と5日間、口をきかないこともありました。夫婦喧嘩をして家出をして車のなかで1日寝たこともありました」と美千代さんは言います。

そして夫も美千代さんの実子に苦手感をかかえていました。わが子と同じように息子だと思おうとすると、つい厳しくなってしまいます。それまでの生活習慣の違いを無理に子どもに押しつけようとします。

たとえば、夫家族はお風呂に入ったら、1枚のバスタオルをみんなで使いまわす習慣でした。美千代さんと実子は乾いたタオルを使いたいので、ひとり1枚のバスタオルを使ってきました。夫は美千代さんの実子が新しいタオルを使おうとすると、もったいないと言って怒ります。

また、実子はお風呂のまえにはずした名札を洗面所に置いたままにして、翌朝、その名札をつけて学校に行くのが習慣でした。しかし夫はそれを見て、だらしがないから部屋に片づけろと言って怒ります。

「子どもがお父さんとさよならしたいと言ったり、お母さんとふたりだけの生活がいいと言ったり。私もつらかったですね。それで1度は離婚を考えました」と美千代さんは言います。美千代さんはそのため4か月の別居をしています。

■ステップファミリーならではの問題点に気づけるか

「うちの夫はただたんに幸せな家庭にあこがれて、何も考えずに再婚したんだと思いますよ。いまでも私の子に対する苦手意識はもっています。というか苦手意識は高まっているように見えますね」と美千代さん。

美千代さんの許可を得て、夫の晃さんにもインタビューをさせてもらいました。

「この5年間、子どものことで夫婦喧嘩ばかりでたいへんでした。再婚するまえは、家族になるんだからと、気をつかったりつかわれたりしなくてもいいと思っていました。でも、ステップファミリーだからこその気づかいをしなきゃいけないことに気がつきました。妻が言うように、いまでも継子に対する苦手意識はあります。克服の仕方はわかりませんが、がんばりすぎるのをやめたのと、妻がそばにいないときに継子に少しずつでも話しかけるように心がけています」とのこと。

たくさん喧嘩して乗り越えてきたので、再婚するまえと再婚したあとのステップファミリーに対する認識の違いに気づいたり、がんばりすぎてストレスをかかえないようにと自分の気持ちの切り替えができるようになったりなど、5年間の波瀾万丈なステップファミリー生活のなかから生まれた成果だなと感じます。

おたがいがひとり親家庭なら、過去に経験した離婚の苦労を教訓にできると思いがちですが、ほんとうに気がつかなくてはならないことは、子連れ再婚ならではの問題点とその克服方法なのです。

3 母子家庭×初婚男性の安部さん一家の場合

安部 正さん

［家族歴］8年

［家族構成］夫（34歳）
妻（44歳）
妻実子（20歳♀、19歳♀、17歳♀、13歳♂）
夫婦の実子（9歳♀）

［現在の家族の問題点］

・子だくさんなので学費がかさむこと。

■20代での初婚でいきなり5児の父に

初対面で待ち合わせ場所に現れた彼は、34歳にして5児の父親です。安部正さんに取材をさせてもらおうと思ったのは、以前に妻である美紀さんにステップファミリーのご苦労をお聞きしようと思ったら、「何も問題を感じたことがないんですよね」と明るく言われてしまい、彼女から「夫のほうがたいへんな思いをしているかもしれません」と聞いたので、夫である正さんをご紹介いただきました。妻の美紀さんはバツ2で2度目の再婚、しかも正さんと出会ったときには4人の子持ちでした。正さんは10歳年下ではじめての結婚。苦労がないわけはないと思いました。

でも、じっさいにお会いした正さんからは「ステップファミリーだからたいへんだったということは、べつに何も感じていません。ふつうの結婚となんら変わらないと思います。もともと夫婦は他人だから、子どもがいる・いないにかかわらずなんらかの苦労はあるはずですし、その苦労に耐えられる人ならば、ぼくのような境遇でもやっていけると思います」と言われました。正さんは、まわりの人からは、すごいねとか、えらいねとかよく言われるそうですが、自分では何がすごいのか、えらいのかわからないといいます。

正さんと妻との出会いは8年前。仲間内で英会話を勉強したいという話になって、知り合いのつてで紹介されたのが、妻が経営している英会話スクールでした。先生と生徒という関係だけで、第一印象はとくに何も感じなかったといいます。

あるとき、スクールのみんなで飲みにいき、正さんは彼女の身の上話をいろいろ聞きました。2度の離婚の話や、長女がひどいアトピーで悩んでいる話など。当時、正さんは認知症の祖母の介護を経験して、祖母を亡くしたばかりで落ち込んでいました。彼女の話を聞いたときに、自分以上に苦労をしてがんばっている人がいるんだなと励みになったといいます。

この人を応援したい。ぼくのできることならなんでも協力しようと思ったのが、おつきあいのきっかけだったそうです。ひどいアトピーで通院中の長女の病院の送迎、英会話スクールと家の送迎、子育てのサポートなど、積極的にかかわるようになり、8か月の交際を経て入籍をすることになりました。

■最悪の事態になっても立ち向かえると思えた

私は事前に彼から取材シートをもらっていて「家族歴8年」を見ていたので、「できちゃった婚でしたか？」と質問しました。すると、「妻に聞いていませんか？　末っ子は戸籍上はぼくの子ですが、元旦那の子をぼくが認知したんです」と正さんは言いました。

そう、たしかに以前そのお話は聞いていて、不覚にも忘れていました。正さんは、元夫の子どもを妊娠中の彼女を、おなかの子もふくめてなんとかしてあげたいと結婚を決めたのでした。

「すごい救世主!!　おなかの子も入れて5人の子持ちで10歳年上の彼女との結婚にリスクは感じなかったんですか?」とついとっさに失礼な質問が口をついて出てしまいました。「そりゃあ、たいへんでしたよ。でも、やろうと決めたらできないことはないって思いました」と正さんはムッとすることもなく、明るく答えてくれました。

結婚前からステップファミリーについて学び、イメージしていた苦労が当然あったといいます。いちばん悪いイメージを思いえがき、最悪になったときに自分は受け入れて立ち向かうことができるのかと考えたときに、できると思ったので結婚を選んだとのこと。最悪のイメージとは、家族やまわりの人にまったく理解されずに村八分状態になることだったといいます。

幸い、親の反対はなかったものの、友人からは理解をされず、その時期は離れていった人もいたといいます。でも、そうなることはイメージしていたので、しょうがないと思えたし、それでも自分のスタンスは変えずに、離れていった友だちに対しても、自分からはそっぽを向くこともなく、これまでどおりの態度で接しつづける努力をしたそうです。

「自分の立ち位置を貫けば負けないと思ったし、理解してもらえなくても、いつかはわかってもらえるように見返してやろうという覚悟がありました」。自分が強くいられれば問題ないと言いきった正さんの言葉に、私も勇気をもらいました。現に、いまでは友人たちも正さんの選択を理解してくれているとのこと。

末っ子は戸籍上は正さんの実子として生まれ育っているので、いまでも疑いなく自分は正さんの子だと信じて暮らしているといいます。「血液型も違うし、いずれ実の父親じゃないと気がつくときがくると思うんです。そのときにはほんとうのことを説明するつもりです」と正さん。

初婚で20代だった正さんがそんな苦労を背負わなくてもよかったのではと思うのですが、いろいろお話をお聞きすると、それは正さんの性分でもあったのだと思いました。困っている人がいると助けたい、ボランティア活動も好きで、この結婚を決めたときには友人からも「きみらしいね」と言われたそうです。

現在も正さんは自分の仕事をしながら、ＰＴＡの会長、商工会議所、消防団、青少年の健全育成活動など、多くの地域活動に積極的に参加されて、忙しく動きまわっています。

■客観的に見られる他人だから、子育ては気らく

正さんはステップファミリー生活についてこう言いました。「結局は他人なんです。だからこそ客観的に見られるところが多くて、それはいいことだと思います。感情に任せて子育てすることがないので、気らくです」と。

私は、このひと言にふと引っかかることがありました。多くの継母さんは継子が他人の子どもだから、感情に任せてしつけることができない。感情に任せてしつけようとすると虐待に見えてしまうからがまんしていて、それがストレスになっているといいます。

正さんはしつけじたいが感情に任せてやってはいけないことだから、感情に任せてやれないことがメリットだと言いました。見方を変えると、たしかにそうなのかもしれません。

私にとってはあらためて気がつかされるひと言で、納得できるひと言でもありました。正さんの子育てには実の親とは違った厳しさがあります。たとえば、子どもの進路に関しても、大学に行きたいという娘に対して、大学は勉強したい人が行くところだから、ほんとうに行きたければ自分で奨学金を借りて行きなさいと、厳しい意見をはっきりと伝えています。実の親じゃないから客観的に見られるというのは、こういうことなのかもしれません。

また、取材の最後に正さんが口にしたひと言が、とても印象に残りました。「ぼくは基本的には離婚や再婚に反対です。子どもがかわいそうです。結婚して子どもができたのに、その責任をまっとうできない大人がいるのは、ほんとうに腹立たしいです」と。その怒りは、５人の子どもたちに責任を果たしていないふたりの父親に向けられた厳しい意見でもあるのだと思いながら聞きました。

正さんのなかでは、なんのために彼女と結婚したのかということが、いつも信念としてあります。彼女に協力したいと思った気持ちに立ち返ると、夫婦が喧嘩しても続ける覚悟があるから、関係性はブレないのだそうです。

私は彼に取材をさせてもらうまでに、多くの継母さんの取材をしてきました。他人の子どもを育てるストレスをお聞きしながら、共感し、それにくらべると、継父は日常生活で深く子育てにかかわることがないから、ストレスをかかえない、もしくは鈍感なのではないだろうかと思ってきました。でも、正さんのお話を聞いてみて、それはまちがった見解で、そもそもスタート時点の覚悟がまったく違っているのだということに気づかされました。

いちばん最悪の事態を想像して立ち向かったステップファミリー生活は、自分が想像していたほどはひどくなかったという正さん。苦労がなかったわけではありません。次女(13歳)のＰＴＡ役員を引き受けたときに29歳だった正さん。そんな若い父兄はいるわけもなく、違和感をかかえながらもご自身の努力でしだいにうちとけて、いまでは末の子のＰＴＡ役員を6年にもわたって続けているそうです。

「すごい」と言っても「何がですか？」と言われてしまうので、あまり大げさには言えませんでしたが、素敵なお話を聞かせてもらって、素直にすごいと感じました。

4

母子家庭×再婚男性の
竹林さん一家の場合

竹林和夫さん
〔家族歴〕4年
〔家族構成〕夫(50歳)
妻(44歳)、妻実子(11歳♂)

〔現在の家族の問題点〕
・子どもの学費をどうするのか。

■婚活合コンで「顔が好み」の妻と出会い、結婚

「33歳で離婚しました。いま思えば、たいしたことじゃない理由で別れたような気がします。忍耐がなかったんだなと……」。一度目の結婚は会社の同期の女性と7年のおつきあいを経て結婚、喧嘩が絶えずに4年で破局したといいます。

竹林和夫さんは私の高校の後輩です。共通の知人を通じてSNSでつながったのがきっかけで出会いました。バツイチから再婚されて、ステップファミリー生活をされていることを聞いていたので、今回お話をうかがうことにしました。

でも、お会いするまえにメールで、「ステップファミリーとしての問題を聞きたいとのことですが、私が能天気なだけなのか、いまの家族の状態についてはあまり問題を感じたことがありません」と言われていたので、正直なところ、お話をお聞きしても原稿にはできないかもしれないなと思いながら、取材に向かいました。

竹林さんと現在の妻との出会いの場は婚活合コンだそうです。「30代の後半から、やっぱりひとりは寂しいなと思うようになって、彼女を探すために頻繁に合コンしていましたね。いまの妻に会うまえにもひとり、子連れの女性とつきあったこともありました。なので、相手に子どもがいることに対してはさほど抵抗もなかったです」と竹林さんは言います。妻を選んだ決め手は「顔が好みだったから」だそうです。なんとも素直な回答だなと思い、笑ってしまいました。

おたがいの会社と自宅が同じ沿線という共通項のあったふたりはすぐに仲よくなりました。2回目の

デートのときに彼女から子どもがいるという話を聞いたときには、びっくりはしましたが、自分も40過ぎてわが子をもつのはもう無理かなと思っていたので、相手にひとりくらい子どもがいてもいいかなと気軽に受けとめられたといいます。

「幸い、継子は男の子にしてはおとなしい子で、ストレスも感じなかったし、彼女とはおつきあいして3か月くらいで、ぼくが海外旅行にいきたかったのをきっかけに、海外で結婚式を挙げようかとプロポーズして、式をしてきました」と竹林さん。

「いっしょに暮らしはじめたときに、継子から〝パパ〟と呼ばれて違和感を感じました。それまでは〝竹林くん〟と呼ばれていました。それで〝パパ〟という呼ばれ方はいやだったので〝お父さん〟にしてと言いました」と竹林さんは言います。「ママ」と呼ばれている実母に対して「パパ」だと実の父親のイメージだったからでしょうか。お聞きしていて、なんとなくそんな気がしました。

■養うためにいっしょになるわけではない

再婚することになったときに竹林さんが妻に言った厳しいひと言があります。「ふたりを養うためにいっしょになるわけではないので自立してください、と伝えました。負担を背負う結婚なんかしたくなかったし、万が一のときのためにも仕事を続けていてほしいと思っています、と妻には伝えましたね」。

このドライな考え方をお聞きすると、竹林さんはほんとうにいままで何もストレスを感じなかったのかなと思いますが、その後いろいろお聞きすると、そうではなかったようです。

再婚するまえまで、シングルマザーとしてフルタイムの仕事をバリバリとこなしながら子育てもしていた妻。当然ながら子どもに向きあう時間も少なかったので、竹林さんからしたら、ずさんさを感じるしつけだったといいます。

「私自身が専業主婦のおふくろに育てられてきたので、とくに感じるのかもしれませんが、母親なんだからもっとちゃんと子どものことを見てやれないのかな、と思うことがたびたびあります」という竹林さん。

具体的なエピソードを聞きました。

継子は朝起きたらすぐに顔を洗う、歯を磨くという習慣がないそうです。それは妻も同じで、親が平気だから子どもを注意しない。竹林さんが気になって注意をすると、「寝るまえに歯を磨いたからきれいだし、ごはんを食べてから磨くからいいの」と言われてしまったそうです。子ども部屋が散らかっていても、妻は片づけない。朝起きてベッドメイクしないから、ベッドの上もいつもぐちゃぐちゃです。

「子どもは親の背中を見て育つというじゃないですか。ぼくは、子どもがやらないからほったらかしておくのは違うと思うんです。親がやってあげていれば、いつも片づいている部屋がいいということも自然に体で学びます。だから、掃除もベッドメイクもなんで母親がちゃんとやらないの？ って思うんですよね」と竹林さんは言います。ステップファミリーならではの生活習慣の違いやしつけのポリシーの違いです。

■おれの子じゃないので――がんばりすぎない子育て

「でも、おれの子じゃないので、しつけについてはそんなに口を挟むこともありません」という竹林さんですが、継子が小学3年生になった年から、学校の親父の会の活動に参加しています。校長先生や教頭先生、担任の先生とも仲よしで、母親よりも授業参観や学校行事に積極的に参加しているようです。

取材前に書いてもらう取材シートに「私の子じゃないから、将来にわたって何百万という学費を自分が負担することには抵抗感があります」と書いてあったので、継子に対する愛情はかなり薄いのかなと思っていましたが、そうでもないようです。

再婚しても母子で自立していてほしいというようなことを言われて、いまでも家賃や生活費以外の、子どもの塾代、学費、習いごとの費用などは妻がすべて負担しているそうです。母子家庭の経済負担から抜けたくて再婚する女性も多いと思うのですが、竹林さんの妻の心境はどうなのでしょうか。

「妻はいつもお金がないと愚痴っていますよ。先日もハワイに誘ったら、お金がないからおごってくれるなら行くって言われておごりました。でも収入はしっかりあるのは知っているので、苦しいほどではないと思っています」と竹林さんは言います。

妻はわが子を中学受験させて、ゆくゆくはいい大学に行かせたいと考えているそうです。おそらく将来の学費などを考えて貯蓄もしているのではないかと思いました。竹林さんは継子の将来に関しては受験が必要だと思わないけれど、反対もなく実親任せだといいます。もしも実の子だったら？

「実の子だったら、妻には子育てに専念してほしいと思い、専業主婦になってもらっていたでしょうね。子どもに対する愛情だってもちろん違うと思うし、サッカーとか野球とか何かスポーツをしてほしいと思ったと思います。継子はもっぱらゲームっ子で気にはなりますが、私の子じゃないんで……」と竹林さんは言います。

それでいて、まったく無関心というわけでもありません。こんなお話も聞きました。

「先日の日曜日にたまたま家にいた継子に、きょうは友だちと遊びにいかないのかと聞いたら、土日は遊びにいく友だちがいないと言っていました。それで思ったんですが、どこの家も土日は家族で過ごす時間だからなんだなと。うちも土日はもう少し家族で出かける時間を増やしてやらないといけないかなってふと思いました」

その後、私は雑談のなかで、中学から大学にかかる高額の学費の話をしました。「そうやって聞くと、ぼくも考えてあげなくちゃと思います。妻はたいへんなんだなとも思います。そのあたりの金銭感覚は、経験者から話を聞いて気がつくことで、ふだんは抜けているので……」と竹林さん。

子どものいない男性との再婚は、子育てがわからない男性側が無理に父親になろうとしてがんばったり、しつけをしようとしてかかわってきたり、それに子どもが反発して実親側が板挟みになり、苦しむご家庭も多いなか、竹林さんのドライすぎると思われる「おれの子じゃないし」という考え方はいいなと思いながらお話を聞きました。がんばりすぎずに見守る、そんな継父もいるんだと、今回の取材で感じました。

5 死別の父子家庭×母子家庭の山本さん一家の場合

山本由美子さん

〔家族歴〕3年

〔家族構成〕夫(37歳)、夫実子(9歳♂)
妻(37歳)、妻実子(8歳♀)
夫婦の実子(2歳♂、1歳♀)

〔現在の家族の問題点〕

・元の家族のことはタブーなのに、学校の授業や行事で生い立ちについて調べたり、発表したりする場があること(2分の1成人式や命の授業など)。

・墓参りや将来のお墓の問題。

■**引っ越し先の夫の家には「開かずの間」が**

今回、取材で彼女のお宅を訪れたとき、きれいな庭のあるすてきなご自宅を見て、私は思わず「すてきな家だね」と言ってしまいました。口にしたあとすぐに、言ってはいけないひと言だったということに気がついて「そう言われたくないよね?」とつけ加えました。夫がまえの結婚のときに建てた家は、亡くなった妻の思い出がたくさん見え隠れしていて、結婚から3年たったいまでも自分の家という気がしないといいます。

山本由美子さんは、3年間のシングルマザー生活のあと、長女が五歳になるまえにいまの夫と出会い、1年の交際期間を経て再婚しました。彼は同年齢の子どもを育てる死別のシングルファーザー。おたがいがひとり親として苦労してきたことや、彼の誠実そうな物腰に、迷うことなく再婚を決めました。

私が彼女と会うのは2回目で、はじめて会ったのはちょうど1年前。現在1歳のセメントベビーを妊娠中でした。ブログ仲間つながりの継母さんとして出会ったので、どちらかというと継子に対するストレスを聞くほうがさきで、それは多くの継母さんに共通している、継子に対する嫌悪感や愛せないというストレスでした。

でも、今回はそこには焦点は当てずに、離別再婚が多いなか、死別再婚されている彼女に死別ならではの苦労をお聞きすることにしました。

というのも、前回お会いしたときに彼女が口にし言の印象が強くて忘れられなかったからです。

「開かずの間」……そこは夫しか立ち入りが許されない部屋です。なかに仏壇があることは彼女は知っているけれど、あとは見たことがないとのこと。夫が子どもたちにさえ立ち入りを禁止している部屋だそうです。「たぶん元嫁の部屋だったんじゃないかな?」と。

結婚するまえの交際期間には何度か娘を連れて泊りにいったことがあるけれど、広いご自宅のリビング部分しか見せてもらっていなくて、2階にも上がったことがなかったそうです。亡くなった元妻と建てた家。彼の子ども(継子)が「パパの寝室にはベッドがふたつあるんだよ」とうれしそうに教えてくれたときに、ぜったいに見たくないと思ったそうです。

ふと不思議に思って「死別ということを知っていて、元の奥さんの話をどのくらいまで聞いていたの?」と質問したら、おたがいにまえのパートナーの話はいわゆるタブーになっていて、くわしくは聞いていないとのこと。なぜ亡くなったのか? 名前は? どんな人だったのか? などはまったく聞かされてなく、死別ということのみが彼女のもっている元嫁情報なのだそうです。

「どうして? 知りたくないの?」という私の質問に、「ぜったいに知りたくない。知らないことで心の平静が保たれているような気がするから」と由美子さん。相手が亡くなった人だと、知ったところで悪口は言えないし、思い出は美化されているだろうし、太刀打ちできない相手の情報なんかないほうがいいと彼女は言います。

いつまでも消えない元妻の残像

そんな思いから、恋愛中は彼の家について無駄に気にすることもありませんでした。ふたつあると聞いていたベッドも再婚時にひとつは処分されていたし、気になるところがあれば直してもいいからここに住もうと言われて、もともと彼が生まれ育った土地に建っている家ということもあり、彼の思い出やご近所づきあいなどを尊重しようと、この家に住むことを決めたそうです。前妻は背の高い人だったようで、キッチンの調理台の高さはさすがに気になったので直してもらったけれど、カーテン、家具、リビングの飾り、食器棚の食器などはそのまま使うことになりました。

「この再婚のいちばんの失敗は、この家に引っ越してきたことです。どうして新しい家を借りて新スタートをしなかったんだろうかと、いまは後悔しています」

自宅に届く元妻宛ての郵便物。ブランドものが好きだったようでブランドショップからの案内が多く、家のなかにもブランド品の手提げ、リボン、包装紙などが残されていて、ぜんぶ処分したといいます。クッキーの型、夫のための弁当箱、あきらかにまえに住んでいた女性が買いそろえたとしか思えない品々に元嫁をイメージさせられて苦しめられる毎日です。

さらに、夫が子どものときから暮らしていた土地ということもあって、ご近所には亡くなった妻のことや再婚したことなどを隠しようもなく、知られすぎています。あるとき、庭で実子と遊んでいる継子に、近所の年配のおばさんが「お庭のお花、きれいだね。きっと○○くん(継子)のことを亡くなったお母さんが見守ってくれているんだね」と言ったのを耳にし、とてもいやな気持ちになったといいます。「私にとっては実母に見張られているような、いまでも亡くなった元嫁の魂がこの家に住みついていると言われているような気持がしました」。また、「先妻さんもさぞかし喜んでるでしょうね。お子さんの面倒をよく見てくれる後妻さんが来て」などと言われると、「後妻＝2番手」と言われた気がして落ち込むのだそうです。

■元妻といっしょのお墓に入るという堪えがたい現実

さらに最近の彼女は将来のお墓の問題で大きなストレスをかかえています。前妻が夫の先祖のお墓に入っているということ。ふつうに考えたら、妻として亡くなったのだから、自分の実家のお墓に入るわけはなく、夫のお墓に入るのはあたりまえのことです。でも、それは冷静に考えてみると、自分が亡くなったときに元妻といっしょのお墓に入るという現実を突きつけられて、彼女はいま苦しんでいます。

「再婚前には考えてみなかったことが、ステップファミリーとしての実生活がはじまって突きつけられる現実に直面することになりました。いままではふれないでいることで平和を守っていたけれど、見なきゃいけないものを見てしまったことで、考えなくてはいけないことがたくさん出てきました」。ステップファミリー3年目にして死別再婚ならではの問題を突きつけられているといいます。

死別シングルファーザーと再婚されている何人かの継母さんのお話を聞く機会がこれまでにもありましたが、仏壇、お墓、元妻の弔いごとの問題は多くの人がかかえています。しかし、どの人も再婚前には大きな問題とは思っていなかったようです。あたりまえのことなのにまえもって考えられないこと、それは経験していないとわからないことで、じつは私たちが思うほどあたりまえのことではないのかもしれません。

お墓の問題については、私も再婚していたときに相手の家の墓参りにいき、現実風景を見たときにゾッとした経験があります。私は死別の相手と再婚したわけではないけれど、知らない先祖ばかりのそのお墓にぜったいに入りたくないと思いました。「私はよそ者」――そんな感じだったからだと思います。

では、どうしたらいいのかということを、やはり再婚前に話し合っておくべきなのです。たとえば新しい家族のお墓を別に設ける、夫の骨は分骨するなんてことを事前に話し合っていれば、あとからストレスになることもないのではないでしょうか？　元妻の墓参り、弔いごと、無理していっしょにやる必要があるでしょうか？

6 初婚男性×母子家庭の山田さん一家の場合

山田有子さん

〔家族歴〕8年

〔家族構成〕夫(43歳)
妻(43歳)、妻実子(22歳♀、17歳♂)
夫婦の実子(8歳♂)

〔現在の家族の問題点〕

・妻実子(長男)と夫とのかかわり方。

・夫両親とのつきあい方。

■未婚男性との再婚はストレスが少ない、わけはない

「うちはステップファミリーでも恵まれているほうだと思います。夫は子ども(継子)のことを考えすぎるくらい考えてくれていますし……」と山田有子さん。有子さんとの出会いは、SNSを介して知り合い、M-STEPの交流会でお会いしたのがきっかけでした。

シングルマザーと未婚男性の再婚家庭は、相手に子どもがいないぶん、女性側のストレスが少ないのではないかといわれていますが、私自身がシングルマザー時代、未婚男性とのおつきあいで大きなストレスを経験したこともあり、再婚を決断した有子さんのお話を聞きたいと、取材をお願いしました。

このケースの実親側のストレスをひと言でいうと、「わが子と継父のあいだでの板挟み」です。子どものいない男性が子連れの女性との結婚を決め、親になろうとがんばるときに起きやすい子どもとの対立。そこにいる実親はどちらの気持ちもわかるがゆえに、どうしていいのかわからなくなることが多いのです。

有子さんの最初の結婚の破綻は、夫による長女に対する虐待が原因でした。20歳という若い年齢どうしでできちゃった婚し、生まれた長女に対して親として接することができず、子育てのイライラを虐待として表現した夫。なかなか別れの踏ん切りがつかなかった結婚生活でした。「子どもが泣くのはあたりまえなのに、泣くと布団を巻きつけて黙らせようとしたり、お風呂に沈めたりと、ひどい父親でした」と、当時のつらい経験を語る有子さん。続いて生まれた長男を猫かわい

がりし、長女に対してはあいかわらずの虐待を続ける夫の態度に、ふたりの子どもを守ろうと、結婚7年目にやっと離婚を決意しました。

■「子持ちで離婚した女に息子をあげたくない」の衝撃

現在の夫とは、離婚が成立する少しまえに、子どもの習いごとを介して出会いました。子どもふたりを剣道の道場に入れていて、そこでコーチをしていたのが彼でした。「第一印象はすごく悪かったんです。態度も荒っぽく見えて口も悪かったし、好きになれないタイプでした」と有子さんは夫との出会いを語ります。

彼との再婚を決意するまでには7年間の交際期間がありました。第一印象は悪かった彼ですが、子どもに向きあう姿勢の誠実さ、練習中の厳しさとは違い、終わるととてもやさしい態度に、しだいに有子さんは惹かれていきました。決め手になったのは、彼が教え子の子どもたちを連れてカラオケにいったときのことでした。実親からの虐待で男性恐怖症になっていた長女は、コーチともなかなかうちとけられずにいました。彼は、ものおじして歌えない長女のかたわらに寄り添い、いっしょに歌いはじめました。歌えなかった長女が大きな声で歌う姿を見たときから、有子さんは彼を好きになっていったそうです。

7年間の交際期間中は、彼の仕事がなかなかうまくいかないことや、ふたりの子どもの父親になれるのだろうかという彼自身の迷いがあり、再婚話が出ても進めないままでした。しかし、有子さんの妊娠をきっかけに彼も入籍する決心ができました。残念ながら流産という結末になりましたが、すでに入籍を決めていたふたりは結婚することにしました。

最初の困難は、彼の母親からの猛反対でした。結婚の挨拶のために呼ばれた場で、子どもたちふたりがいるのに、「あんたみたいな子持ちで離婚しただらしない女に息子をあげたくない。血のつながりもない子どもたちを自分の孫だなんて思えないし、ひどすぎる」と泣かれたそうです。「あまりにも衝撃的で、頭のなかが真っ白になりました。それまでシングルマザーとして必死でがんばってきたことすべてを否定された気がして……」と有子さん。そのときの言葉が忘れられずに、いまでも義母に対してはわだかまりがあるといいます。

■がんばる夫の厳しすぎるしつけ

最初からそんな困難に突き当たり、スタートしたステップファミリー生活ですが、つぎに有子さんを悩ませたのは、子どもたちに対する夫のしつけの厳しさでした。「私は性格的におおらかなほうなので、子どもに対して細かいことを言ってしつけてきませんでした。そういう部分が夫にとっては許せなくて、おれが父親としてしっかりしつけないと、と思わせたんでしょうね」。

子どもたちのお箸の持ち方から、言葉づかい、生活態度などにいたるまで、夫流の厳しいしつけがはじまりました。たとえば母子3人の生活のときには気にしていなかった、洗面所を使ったあとの掃除への配慮が一例です。長女が落ちた髪の毛を掃除しないでいると、厳しく注意する夫。当然といえば当然のしつけだと私も思いますが、それまでの生活では厳しく怒られる習慣のなかった子どもたちにとっては理不尽だったでしょう。

あまりの厳しさに、ときに有子さんが子どもたちをかばおうとして「そこまで言わなくてもいいんじゃない」と夫に注意をしたら、出ていくと言って家出しようとして、口論になりました。「そんな些細なことでいちいち出ていくとか逃げる姿勢を見せられても困る、と言いました。覚悟をもって家族をやってほしいと思っているので」と有子さん。

入籍したときに14歳だった長女は、継父に対して直接不満を言うこともなく、自分からしだいに距離をとるようになって離れていきました。この年齢の女の子が父親を毛嫌いするのはよくある行動パターンですが、毛嫌いするというよりは遠慮してかかわれないという感じだったといいます。それに対して9歳の長男は、継父とは密接にかかわるけれど、怒られるとその反発も強かったそうです。有子さんは夫が息子を怒っているときには傍観していて、怒られたあとにフォローする役割を担っていました。「夫は自分のしつけ論で子どもたちを育てたくて怒るのですが、あとのフォローは実親である私に任せるというスタンスでした」と言います。

■父のやさしさを求めていた息子との夫とのすれ違い

あるとき夫が、お風呂掃除を頼まれた長男が真っ暗なお風呂場で携帯を見ているのを見つけ、目が悪くなるし、掃除も進んでいないと注意しました。すると、素直に聞けない息子は口ごたえ。激怒する夫と怒鳴りあいになりました。有子さんはハラハラしながら見守りました。有子さんは、喧嘩のあとで長男に話しかけました。「悪いのはあなただよと伝えましたが、息子からは、父親でもないくせにいちいちおれのすることに口出しするのが許せない、家には居場所がないし、お母さんとお姉ちゃんと3人で暮らしていたころにもどりたい、と言われました」。

私もまったく同じことを自分の娘に言われたことがあったので、このお話を聞いたときは切ない気持ちになりました。継親がどんなにがんばっても、子どもにとっては赤の他人から厳しくされるのは、ストレスでしかないのでしょう。それは継親には伝わらず、板挟みになる実親はどうしていいのかわからずに立ち往生します。

「息子が求めているのは父の〝やさしさ〟です。とくに息子は実の父親も知らずに育っているので、厳しいだけではダメだと思うのです。でも夫にしてみたら、長男だからしっかりしてほしいという思いと、私があまいので自分がしっかりとしつけるという気負いがあって。息子が求めているものと、夫が与えているものが見合ってない感じがしています」と有子さんは言います。それを夫に伝えても、わかってもらえない8年間だったそうです。

「娘は高校生になって全寮制の学校に入学し、家を出ました。厳しく教えられた生活習慣がいまは役に立っていると感じているみたいです。息子も高校生になったので、夫も以前のようにガミガミ言うことはなくなりました」と有子さん。

夫婦のあいだにセメントベビーも生まれて、夫は実の子と継子への愛情の違いは感じてはいるはずですが、差別することもなく、継子にもしっかりと向きあっているとのこと。父親になろうとがんばりすぎたからこそのストレスだったと思います。

ステップファミリーは一般的に、しつけは実親が担当して、怒られたあとのフォローを継親がする、いいとこどりを継親にさせたほうが子どもとの関係もうまくいくものです。ただし、継親も親になろうと努力するがゆえにこういった問題は起きやすく、実親としては子どもと継親のどちらの気持ちもわかるので悩みます。

7 0歳児のいる父子家庭×初婚女性の小池さん一家の場合

小池優子さん

〔家族歴〕4年

〔家族構成〕夫（35歳）、夫実子（3歳♀）
妻（35歳）

〔現在の家族の問題点〕

・いまはありません。

■一度は振られた彼との思わぬ再スタート

「いまは夫婦ふたりなので笑って過ごしています。生きていれば、継娘は6歳でした。ほんとうにつらい日々でした。いまでも思い出すとつらいです……」と話すのは、小池優子さん。自分の経験を生かして、悩んでいるステップファミリーの力になりたいと、エムステップの会員になってくれたのが、優子さんと私との出会いでした。

優子さんは0歳児の赤ちゃんをもつシングルファーザーと7年前に出会い、結婚しました。不意の事故でお子さん（継子）を失って、現在はご夫婦ふたりで生活されています。

夫との出会いのきっかけは、趣味ではじめたテニスでした。夫がインストラクターで、定期的にレッスンを受けているうちに、やさしくていねいに教えてくれる彼の人柄に惹かれて、優子さんからアプローチしたそうです。

「お誕生日にカードを渡して、メールアドレスを書いておきました。彼からメールが来て、食事にいくことになりました」。彼にはおつきあいしている人はいるのかしらと思いながらも、初デートでそこにはふれなかったといいます。きっといないと勝手に信じて、その後もメール交換を続けていたそうです。

「メールのやりとりが何度か続いたある日、じつはおつきあいしている女性がいると彼から打ち明けられました。ああ、失恋しちゃったんだなって思いましたね」と優子さん。

それから優子さんは彼のことはあきらめ、テニスに専念しました。「失恋のショックもありましたが、学生のときに趣味もなく部活動もしたことがなかったので、何かに打ち込んでみたいなと本気で思いました。勤めていた会社を辞めて、1年間インストラクターコースに通いました。その間、彼が結婚したらしいといううわさを耳にしましたが、私はすでに振られていたので、とにかくテニスに専念していましたね」と優子さんは笑います。

その半年後、彼にお子さんが生まれたらしいといううわさも聞きました。しかし、お子さんの誕生から半年も経たないうちに彼の妻が亡くなったことを知りました。

「私はインストラクターの助手として、彼のレッスンのサポートをしていたので、あるとき、気分転換にどこかに出かけようと誘ってみました。彼が落ち込んでいて心配だったから……」と優子さん。

その日、彼から妻が亡くなった経緯を聞かされました。「うわさで知ってはいたのですが、はじめて聞いたふりをしていました。私は、落ち込んでいた彼を励ましました」。

その日の会話のなかで、年末（2か月後）にまたデートをしようと誘われていましたが、優子さんは本気とは捉えていなかったそうです。「大晦日前に約束どおりどこかに行こうと誘われたときに、年末をふたりで過ごすってこと？……って、うれしかったです」と優子さん。大晦日をいっしょに過ごして、ふたりはおつきあいすることになりました。

彼に赤ちゃんがいることは気にならなかったのですか？　という私の質問に優子さんは「当時は彼のご両親が赤ちゃんをひきとって育てていました。だから彼には子育ての負担はありませんでしたし、もともと彼のことを好きだったので、彼の気持ちに応えたいと思いました」と言います。

■2か月で終わった夫の両親との同居生活

妻の1周忌を待って、継子に会えることになりました。それまでは、おつきあいしている人がいると親にも言えないので待っていてほしいと、彼から言われていたそうです。

「私には継子と同年齢のめいっ子がいて、実家でいっしょに生活していました。かわいがっていためいっ子とイメージを重ねていて、継子に会えるのを楽しみにしていました。でも、あったときに何かが違うと感じました」

未熟児で生まれたと聞いていたわりにはがっちりしていて、大きい子で、めいっ子に感じていたような赤ちゃんのふわふわとしたかわいらしいイメージがなかったといいます。「あまり笑わない子でした。私が抱っこしても表情が変わらなくて……。お義母さんから、この子は気難しい子なのよと言われたのが印象的でした。1歳半で気難しいってなんだろうって思いましたよ」。

再婚生活は、夫のご両親との同居でした。「まるで居候のようで、居心地が悪かったです。生活習慣の違いにとまどいましたし、お義母さんからは、私を見習ってしっかり子育てしなさいという無言のプレッシャーがありました」。優子さんは当時の生活を振り返ります。

優子さんは、ご実家でめいっ子の子育てを手伝っていたので、自信があったといいます。義母の子育てを見ていて、やり方の違いを感じたときにそれを口にすると、わからないくせに口出しするな、という空気になり、義母との関係も悪化していきました。夫の両親との同居生活はいざこざが絶えずに、2か月で破局したそうです。

■関係を築けなかった継子の死と、夫との生活

夫と話し合い、継子が3歳になるまでは別居婚で週末婚の生活を続けることになりました。「週末だけのお母さんだったので、別居婚のときには気らくでしたが、やはり実家にいるめいっ子とくらべて、継子はできないことが多い子だったので、いつも疑問に感じていました」と優子さん。めいっ子とくらべると、笑顔も少なく、自己表現のない子どもだったといいます。のちに知ることになりますが、じつは、継子には自閉症の疑いがありました。

「継子が3歳になったときに、3人の生活がはじまりました。週末婚とは違って、毎日の子育てを任されることになって、ますます不安が募りました。夫は、きみは継母なんだからがんばって継子との関係を築いてね、と子育てを私に任せっきりで、手伝おうともしなかったので、孤独でしたね」と優子さん。悩んで、子育て支援センターを訪れるようになりました。

「そこで継子のようすを聞いた支援員さんが、自閉症の疑いがあるかもしれないとアドバイスしてくれました。でも、夫は自分の子に障害があるなんて受け入れないし、私がそれを言うと喧嘩になるし。夫婦の意思疎通ができず、子育ての連携がとれないことがほんとうにつらかったです」

優子さんは、こんなエピソードを話してくれました。継子をほめて育てたいと思って、お弁当をぜんぶ食べてきたらごほうびカードをあげるからね、と約束したそうです。ちゃんと食べられるような量と中身を考えてつくったお弁当だったのに、継子は残して帰ってきました。「がんばってほめてあげたいと思っても、ほめるところがなくて、まわりの同年代の子とくらべてもできないことだらけで、どうしたらいいのかわかりませんでした」。

4歳近くになってもオムツがとれないし、オムツが汚れても教えない。子どもらしく、欲しいものを言っ

たり、食べたいものを要求したりといった意思表示がまったくない子だったといいます。そんな継子に優子さんのイライラが募りました。

そんなときに事故がおき、突然、継子を失いました。優子さんは自分自身を責めました。夫はわが子を失った悲しみに暮れ、夫婦仲は険悪になりました。一時は離婚を考えたこともあったといいます。

「離婚しなかったのは、私と彼が仲よくいることが継子へのなによりの供養になると思ったからです。彼と喧嘩するたびに、こんなことをしていたらあの子が喜ばないと思い、彼にもそれを伝え、おたがいに気持ちを整理してがんばってきました」

今年、継子の3回忌を迎えた優子さんに、自分の子どもは欲しくないですか、と聞いてみました。

「欲しいと思うこともあります。でも、怖いんです。自信がないんです。いまは夫と平和に暮らせるようになりました。ここに子どもが生まれたらって考えると……」と優子さん。

優子さんは、未婚からいきなり乳児の母になりました。はじめての子育てがたいへんすぎたのだと思います。実の子だったら無条件に愛せるし、障害がない子だったらきっとだいじょうぶ、と思えないのは、それだけ継子に費やした苦労がつらかったのでしょう。でもできることならば、わが子を出産して、赤ちゃんからの子育てをもう一度体験して、自信をとりもどしてほしいと感じました。

8 思春期の娘のいる父子家庭×初婚女性の原田さん一家の場合

原田理香さん

〔家族歴〕5年

〔家族構成〕夫(41歳)、夫実子(15歳♀)
妻(35歳)

〔現在の家族の問題点〕

・継子の生活態度。

・継子と会話がない。

■子ども好きだったから、ショックも不安もなかった半年

「彼女(継子)が10歳のときに出会いました。私の名前は理香、彼女の名前が理子。私はわが子が生まれたらそんな名前をつけたいと思いえがいていたので、なんとなく運命を感じました」と、継子との出会いを思い出しながら語る原田理香さん。穏やかでやさしそうな女性です。

はじめての結婚相手が、思春期手前の女の子を育てるシングルパパでした。理香さんが27歳のとき、アルバイト先のファミリーレストランにお客さんとして来ていた彼から連絡先を渡され、誘われてデートをしたのがきっかけでした。ふたりともお酒を飲むことが好きで、最初のデートは居酒屋でした。「彼から子どもがいることを聞いたときに、とくにショックはありませんでした」と理香さん。もともと子どもが大好きだったので、まったく不安はなかったといいます。

交際から半年後に、はじめて彼の子に会うチャンスが訪れました。彼から、娘に携帯電話を買ってあげるのでいっしょに見てほしいと言われ、それが初対面になりました。それまでも会いたいと思っていたので、うれしかったといいます。

「最初の印象ですか? インパクトが半端なく強かったです」と理香さん。なぜなら理子ちゃんは肥満体だったそうです。男手ひとつで子育てしていると栄養も偏るし、しかたがないのかなと思ったとのこと。

出会ったころには「家に帰ってきて、おかえりなさいと言ってもらえるのがうれしい」とか「授業参観に来てくれるの?」などと言ってくれるので、思いえが

いていたようにかわいいと思えたといいます。

同居生活が半年過ぎたころから、継子の反抗的な態度が鼻につくようになりました。生活態度を注意すると、かならず口答えされます。ごみをごみ箱にちゃんと捨てるように、洗濯物をきちんと出すようになど「まえから何度も言っているよね？」と注意すると、「そんなこと言われた覚えはない」という反抗的なひと言が返ってきました。

女の子なのに部屋はいろいろなものが散乱していて、いつも汚く、カビの生えたペットボトルまで……。食べたあとのお皿をすぐに台所にもどすこともなく、風呂上がりのバスタオルもそのまま部屋に放置されたままです。「私は男親には教えられないことを、きちんと教えようと必死でした。トイレの使い方から、ごはんの食べ方まで、将来、彼女ができなくて恥をかかないようにしつけようと思ってがんばっていました」と理香さんは言います。

■思春期特有の身勝手さと知りながらも募るストレス

そんなしつけの厳しさに、思春期の娘の反抗は強くなるばかりでした。親の財布から小銭を盗む、携帯を勝手にのぞき見して画像を自分の携帯に転送する、など、理香さんのストレスを募らせることばかりが続きます。

「思春期の子はみんなそんなものだといわれても、私はこんなにひどい子はいないとしか思えないです」。というのも、理香さんは母子家庭で育っています。いつもがんばっているお母さんの後ろ姿を見て育ってきたので、自分には反抗期はなかったといいます。

朝シャンして髪の毛をセットするのに異様に時間がかかり、朝の忙しい時間に洗面台を占領される。それでいて、家に帰ってきてもすぐに手を洗わない不潔さがあったり。ちょくちょく服を着替えるので洗濯物がやたらに多いなど。そのストレスを聞くと、ステップファミリーの子どもだからという問題ではなく、思春期の子のありがちな身勝手さです。私も実子の思春期で経験したストレスとまったく同じです。

しかし、理香さんにしてみたら、自分は反抗期の経験もなく、初婚で出会った継子がたまたま思春期で、納得がいかないと感じてしまうのは当然のことでしょう。

継子自身も理香さんのしつけの厳しさに不満をかかえて、スクールカウンセラーの相談を受けていることが学校から報告されました。それ以来、理香さんは親としてしつけをしようとするのは無理があると思い、実親である父親に一任することに決めました。

高校生になったいま現在も、娘の反抗期は続いています。アルバイトをするようになり、バイト代でばかみたいに洋服や靴を買って、洗濯物干し用のハンガーを勝手に持っていく。靴箱にしまわない靴で、玄関がいつも片づかない。自室があるのに、リビングに荷物を置きっぱなし……など。

最近は同じ家にいてもほとんどかかわりがなく、いっしょにいてもおたがいが自室にこもっていて、挨拶以外は会話のない状態が続いているといいます。食事も高校生になってからはつくらなくていいと言われ、それでいて勝手に冷蔵庫をあさって好き勝手に食べるという生活を続けているそうです。

「注意しても直らないときもストレスでしたが、注意すらできないいまは、耐えるしかなくてつらいです」

と理香さんは言います。

■継親子のあいだでくすぶるわだかまり

「再婚家庭だからかな、継母だからうまくやれないのかな、と自分を責めることがあります」という理香さんのひと言を聞いて、「実親でも難しい思春期の子育て。継母だからうまくやれないのではなく、多くの親が苦しんで立ち往生する年齢だと思う」と私は言いました。

でも、実親ならば、わが子といざこざがあって、激しくやりあっても、翌日にはすっかり忘れて、わだかまりが残りません。それが実親子の絆です。こと継子になると、やはり他人なので、わだかまりになります。

幸い、理香さんの夫はそのことをちゃんと理解してくれているので、無理をしなくていいと、現在の状況も何も言わずに見守ってくれているとのこと。

「うちは夫が私のことを自分のパートナーとして尊重してくれて、子どもの母親としての責任を過剰に求めることもないので、らくだと思います」と理香さんは言います。

そう、たしかに夫に理解がなく、子どもとのかかわりや責任を無理に要求されたり、実親本人が思春期の子育てから逃げていたりしたら、さらに悪循環になります。

ご参考までに――わが子の思春期もひどかったので、いつも廊下にごみ袋を出す娘のストレス行動を、成人してから「あれ? なんでだったの?」と娘に聞いたら、「ババア、おまえの仕事なんだからおまえが片づけろ! と思っていた」そうです。ひどい話ですが、思春期の子どもの身勝手さとは、こんな感じなのではないでしょうか?

時が過ぎて子どもが大人になれば解決する問題ですが、思春期の継子に直面している継親さんはだれしもが過剰なストレスをかかえて立ち往生しています。

9 わが子と同年齢の子のいる 父子家庭×母子家庭の 木村さん一家の場合

木村百合子さん

［家族歴］3年

［家族構成］夫(44歳)、夫実子(15歳♀、12歳♀)
妻(42歳)、妻実子(15歳♀)

［現在の家族の問題点］

・「家族」とか「家族愛」とかにとらわれなくはなりましたが、いっしょに生活しているにもかかわらず、まったく口をきくこともないのは、問題点なのか、それともこれでいいのか、わからない。でも、毎日すっきりとはしてないのは事実です。

■悪条件を「ひと目ぼれ」で乗り越え、交際スタート

いつも愛情たっぷりで彩りのきれいなお弁当写真が、彼女のブログやSNSには掲載されています。私と木村百合子さんとの出会いは、最初はブログつながりでしたが、現在はNPO法人M-STEPの仲

間として、いっしょに活動しています。

百合子さんの最初の結婚は国際結婚でした。価値観や経済観念の違いがあり、出産から半年でスピード離婚、それから12年間の長いシングルマザー生活を経て、3年前からステップファミリー生活がスタートしました。

シングルマザーのときは実家で暮らしていて、正社員としてバリバリと働くキャリアウーマンだったので、経済的な苦労もなく、週末にひとり娘を連れて旅行にいくなど、日常を楽しんでいたといいます。恋愛や再婚を考えることもなかったそうです。

あるとき、職場の仲間が再婚して、自宅に遊びにいったときに、幸せそうな再婚家庭を見て、うらやましいなと思い、再婚をめざす人たちのための出会い系サイトに登録したのが、いまの夫との出会いのきっかけになりました。

サイトで出会ってメール交換がはじまり、1か月後には彼とお食事をすることになりました。「最初は彼の条件に、はっきり言って拒否反応がありました。わが子と同年齢の女の子がふたりもいることが無理だと思いました。私は、再婚するなら相手には子どもがいない人がいいと思っていたので……」と百合子さん。

それでも彼から、子どものお母さんを探しているわけではなくパートナーを探しているので、会ってから考えてほしいと言われて、食事をすることになりました。

最初のデートでは、おたがいの身の上話、仕事の話、家族の話、過去の離婚の話などで盛り上がりました。出会ってから1か月で、まだおたがいをよく知らないこともあって、彼から聞く話は新鮮で楽しかったし、百合子さんもじっさいに会うまでは敬遠して話せなかった自分の話をすることができ、話は尽きなかったそうです。

そんなはじめてのデートの彼の第一印象を尋ねると、「ひと目ぼれだったんですかね。条件なんて関係ないな……と思えました」とのこと。そして、自信をもって恋愛をスタートさせたそうです。

子どもたちに会うのも早く、3回目のデートでは、おたがいの子どもたちを連れてディズニーランドに行きました。子どもたちは9歳のわが子と同年齢の彼の長女、ふたつ年下の7歳の次女です。3人はすぐに打ち解けて、仲よくなりました。

■浮気発覚で絶縁した彼の、子連れ押しかけ作戦

しかし、初対面から百合子さんは彼の長女に対して違和感を覚えました。「どうしてって聞かれると難しいのですが、初対面なのに愛想のない態度で、この子とは合わないなっていう直感のようなものでした」と継子との出会いを振り返ります。

それから3年交際が続きましたが、上の継子はデートのたびに彼がお金を払おうとすると、「パパのお金がなくなっちゃう」と言ったり、支払いのレシートを見て「たかーい」と言ったりするので、百合子さんは遠慮してデート代を割り勘にしてもらったそうです。

そんなことが重なり、蓄積する継子への嫌悪感。このままではいっしょに暮らすことなんか無理だなと思いはじめたころに、百合子さんは彼の浮気を知ります。

あるとき、彼が席をはずしたさいに置き去りにされていた携帯電話をのぞき見てしまいました。するとそこに、彼と出会った出会い系サイトの名前のフォルダがあり、いまでも彼がサイトを利用していて、何人かの女性とやりとりして会っていたことを知りました。

「3年もおつきあいしてきたのに裏切られていたんだと思ったらショックでした。私は浮気は許せないタイプなので、これで別れようと思って連絡を絶ちました」と百合子さんは言います。

それから1か月半後、百合子さんの娘が私立の中学に入学が決まり、入学準備をしている矢先に彼から連絡があり、娘の通う中学のすぐ近くに家を借りて、子どもふたりと引っ越してくるから、いっしょに暮らしてもらえないかと言われました。

「悩みました。突然だったし、友だちに相談したら、勝手に引っ越してくるんだからほっとけとも言われましたが、彼は娘たちに中学校と小学校を転校させてまで引っ越してくるんだし、さすがに放っておけなかったですよ」と百合子さん。

彼の子どもたちにとっては強行的な引っ越しだったといいます。「押しかけ女房」ならぬ「押しかけ夫」みたいだなと感じました。彼にしてみたら、百合子さんを失わないための最善の手段だったのでしょう。百合

子さんもその熱意に、彼を許してやりなおそうと思いました。

そうしてはじまった母子家庭と父子家庭の同居生活。百合子さんは、自信がなくて入籍を選ばずに、事実婚でこの生活をスタートしました。入籍がなくてもステップファミリーです。

■早熟な継子たちの性の問題に衝撃を受け

「子どもの引っ越し荷物の段ボールに書いてあった落書きを見て、前途多難なスタートを感じました」と百合子さん。上の継子が梱包した段ボールにはマジックで殴り書きで、「引っ越しなんかしたくない」「こんな引っ越しはデメリットだらけだ」と書いてあったそうです。

それでも最初はなんとかうまくやろうと、家事に子育てに奮闘する百合子さんは、それまで築いてきたキャリアも捨てて、専業主婦になりました。「親に子どもの面倒を任せて仕事をしてきたので、家事は苦手だったし、いっきに増えた家事の負担にとまどいました」と百合子さんは同居当初を振り返ります。

お料理をつくると、「おばあちゃんはこうしていた」「味つけが薄い」「やり方が違う」と文句ばかりつけてくる継子ふたりに、百合子さんは言いたいこともがまんして、くやしくて陰で泣いたり、わが子に愚痴ったりしました。同居するまえは仲のよかった実子と継子も口をきかなくなりました。母親を苦しめている相手と仲よくなんかできるはずはないので、当然といえば当然です。

「同じ歳の女の子どうし、くらべてみると彼の子どもたちはへんに大人びていて、私や私の子をばかにしているのではないかと感じます。これはこうするんだよ！　と生意気な指図をしたり、何か教えてあげようと思っても、どうせ、知ってるよ！　と言われてしまいそうで、何も言えませんでした」と百合子さんは言います。

いっしょに生活がスタートしたばかりのころのことです。12歳だった上の継子がiPadで何かを見ながら下半身を触っていたので、気になって閲覧履歴を見てみたら、「近親相姦」の映像履歴でした。百合子さんはとてもショックを受けました。実の娘と同じ12

歳の子どもが、そんなことに興味があるなんて信じられなかったといいます。

その後、継子の部屋の布団をたたむたびに、布団のなかからステック糊や細長い消しゴムなどが見つかります。「最初は気にしてなかったのですが、オナニーをしていることに気がついてしまってからは、もう気持ち悪くてしかたがありません」と百合子さん。

思春期の子どもの性の問題はありがちなことですし、実子だったら成長の過程のひとつとして見守れるとは思いますが、百合子さんの場合には、継子が実子と同じ歳ということでふたりの違いをくらべてしまいがちですし、わが子にくらべて早熟している継子に対して、生意気さを感じたり、性の問題に嫌悪感をいだいたりしてしまうのも、しかたがないことではないかと思います。

また、子ども部屋を掃除していて、下の継子が書いた漫画をたまたま目にしたときにも、身が凍る思いをしたといいます。それは吹き出しつきの漫画で、レイプされている内容だったそうです。

これらの問題を夫に話しても、おれの娘を変態扱いするな、と喧嘩になるだけだったので、百合子さんは夫には何も言わなくなりました。

■いつのまにか、寮のおばさんみたいな存在に

同居から3年が経つ現在、百合子さんは夫の子どもたちの部屋は掃除もしなくなり、ごはんはつくるけれども、子どもたちだけで食卓を囲み、会話も必要最低限以外はほとんどしない状況だそうです。夫は仕事が忙しく、帰宅も遅いので、そんな日常には無関心だとのことです。

夫婦のあいだに、自分の子どもは自分で面倒をみるという暗黙のルールが定着して、百合子さんは継子たちが遅く帰宅しても注意することもなく、継子のお小遣いは夫が勝手に与えることになっているので、何にどう使っていようとも気にしなくなったといいます。

「気らくにはなりました。でも、いまの状態は、まるで寮のおばさんみたいだなと思います。でも何も言えないし、言いたくもないんです」。これまで蓄積された継子に対するストレスは、どうせ言っても恨まれるだけだという気持ちを百合子さんのなかにつくってし

まっています。

そんな感じなのに、外から見たら家族扱いされて、継子のことをわが子のことのように聞かれたりするのがとてもストレスだといいます。再婚家庭だということもカミングアウトしているのに、3人まとめて百合子さんの娘扱いされる質問にイラッとくることが多いそうです。

「私の実子と下の継子が同じ高校に行っています。実子の友だちのお母さんに『妹さんは?』とか『下のお子さんは?』と聞かれると、いやな気分になります。妹じゃないし、私の子じゃないし、という思いで拒否感があるんでしょうね」と百合子さん。

実子と連れ子が同年齢や年子だと仲よし姉妹ができあがっていいね、と考えるのは、ステップファミリーの苦悩を知らない人たちの安易な考え方だと思います。同年齢だからこその問題点がこのようにあることを、多くの人に知ってほしいと思いました。

自由記述欄につづられた声

Q 再婚前にパートナーと新しくつくる家庭について話し合ったことがありますか？ それはどんなことですか？

●子どもたちにおたがいをなんと呼ばせるか。子どもたちを仲よくさせるには。別れたパートナーと子どもたちとの面会のこと。

●婚約期間を1年もうけ、新しい母になることを伝え、私が妊娠するまえに3人家族としてスタートできるように配慮しました。

●子どもふたりを良識ある大人の男に育てよう。

●ステップファミリーだということによる周囲の好奇の目や偏見から、できるだけ子どもたちを守っていこう、など。

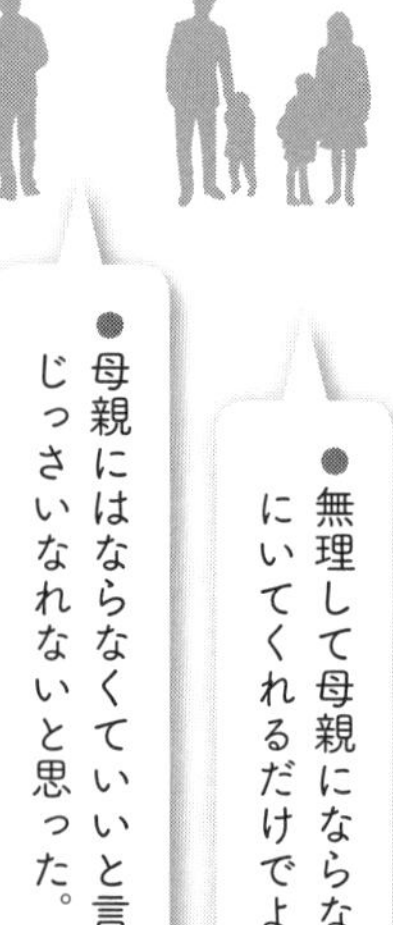

●話し合おうとしたが、旦那が話し合いをしなかった。

●子どもへの接し方、新しく子どもができたらの話。

●子どもの気持ちを第一にしたいこと。また、実子ができた場合の平等性についてのお願いをしました。

●継娘育てのために私は仕事をやめて家に入る、セメント（ベビー）を授かったら産む、親とは別居だが遠すぎないところに住む、など話し合いました。

●問題に直面したときにきちんと話し合うことを約束しました。

●無理して母親にならなくていい。ただそばにいてくれるだけでよい。

●母親にはならなくていいと言われた。私もじっさいなれないと思った。

- 子育て方法について。
- 子どもを本気で怒ることができるようになってとお願いした。感情的にではなく。
- おたがいとくにそれぞれの親になろうとせず、頼れる大人になる。
- 小学校の転校や、セメントベイビーを望むこと、私は初婚なので結婚式を挙げるのを望むことなど、自分の要望は伝えました。
- 元嫁に引きとられている子どもと比較しないか、子が生まれたときに差が出ないか。
- セメントベビーはいらないと相手から言われた。
- もしもの場合を想定して、いろいろ話しました。
- みんなで仲よくやっていきたい。

- みんなでひとつの家族になろう。
- ほんとうの家族ではないので、すべて押しつけないでほしいと伝えた。
- おたがいに支えあう家庭にしたいと話しました。
- それぞれの個性を認めようと話しました。
- 母親にはなれません、学校のことはなるべく自分でしてくださいとお願いしました。
- パートナーの両親（継子の祖父母）と同居することについて。
- おたがい子の親を求めての結婚ではなく、ふたりの関係を大切にすれば、いい家庭が築けるはず、問題があればよく話し合おうと決めました。
- 子どもたちが独立してからの夫婦ふたりの生活について。

回答内のアイコンは、結婚当初の本人と子どもの立場を表しています。＝妻、＝夫、＝妻の実子、＝夫の実子

●同居時期について、金銭的なことについて、セメントベビーについて。（・）

●子どもたちも思春期真っ只中だったので、強引に家族になろうとか父親になろうとしても無理だと私も主人も思いました。時間をかけて家族になろうと決めたので、いまだに私の子どもたちは主人のことを「お父さん」とは呼びません。それでもいいかなあと思ってます。無理してもしかたないので。（・）

●初婚で母になる不安な気持ち。ひとりでは難しいのでサポートをしてほしいとお願いしました。（・）

●お金のこと、しつけのこと。（・・）

●前回の結婚生活では、実子にもかかわらず、子どもがないがしろにされていたため、温かい家庭生活をおくりたい、など。（・）

証言

何に悩んでいるのか

ステップファミリーはどんなことで悩んでいるのか。
それぞれの家庭によってかかえる悩みはさまざまですが、
その代表的なものをいくつか取材してみました。
ただしほんの一例で、これ以外にもさまざまな悩みや葛藤があります。
どう悩み、解決策をどう模索しているのかを、
こちらのインタビューから読みとってください。

10 継子を愛せない

鈴木そらさん
〔家族歴〕5年
〔家族構成〕夫（43歳）、夫実子（7歳♂、6歳♀）
妻（40歳）、妻実子（13歳♂）

〔現在の家族の問題点〕
・継子の学年で今年、「命の授業」がある。そこで小さいときの生い立ちを調べるという宿題があると思うと、いまから不安。

■元保育士で自身も継子出身、私なら愛せるという自信

「ステップファミリーになって、むかし保育士だったことは忘れることにしました」

ふたりの子どもをもつシングルファーザーと実子をひとり連れて再婚した鈴木そらさん。6年間のシングルマザー生活のあいまに現在のパートナーと出会いました。出会った当初は飲み友だちで、結婚していた彼から、妻とうまくいっていないので離婚したいという愚痴を聞く相談役でした。当時、彼の家庭には1歳の子どもがいて、さらにふたり目がこれから誕生する予定でした。婚姻中から何度かくり返される妻の浮気や性格の不一致など、彼から聞かされる愚痴を受けとめながら、しだいに不幸せな彼の境遇を心配するようになり、恋心が芽生えたといいます。

ふたり目の子どもを出産後、妻は生まれたばかりの赤ちゃんをおいて、男のもとに家出します。それから彼は、近くに住むご両親に幼な子の育児を手伝ってもらいながらのシングルファーザー生活をスタートさせました。

それから1年半後、彼の離婚が成立。妻が家を出てから、そらさんは再婚を意識するようになりました。交際期間中からおたがいの子どもたちといっしょにお泊まりしたり、慣らし同居生活をスタートしました。

「私は20歳～26歳まで保育士でした。子どもは大好きだったし、保育を学んでいました。じっさいに保育園では子どもたちに慕われていたし、他人の子どもも愛せるという自信がありました。また、私自身がステップファミリーの子として育っていたので、なおさら子どもの気持ちが理解できるはずだと思っていました」

■ストレスのなか、虐待の手前でわれに返る

この根拠のない自信こそが、のちに自分を追いつめます。「継子を愛せない……」――そらさんは慣らしお泊まりの生活中から、夫の長男に対してこの感情をもつようになったといいます。

最初のきっかけは、彼と子どもたちがそらさんの家に来たときのことです。実子がおもちゃを貸してあげようとしたら、彼の長男が反発して、それを乱暴に投げました。彼がしかってもなかなかごめんさないが言えない継子が、やっとごめんなさいを言えたときに、彼が「えらいね～」と大げさにほめて頭をなでました。そらさんもいっしょに「えらいね」と継子の頭をなでようとしたら、その手を振りほどかれました。「そのときになんとも言えない、いやな感情が生まれました。私はこの子を愛せない、と強く思いました」。それがそらさんがはじめに感じた、継子への嫌悪感だそうです。

多くの継母さんが感じている、継子への嫌悪感、愛せないという気持ち。でも現在の日本では、その感情を外に出すことが許されていないので、自分ばかりがこんな気持ちになってしまうと孤独に悩みをかかえ、みずからを責めてしまう傾向があります。

そらさんもそうでした。継子を愛さなくてはいけない、いいお母さんになろう、いい妻になろう、夫の子育てのストレスを軽減させて外で元気に働いてもらえるようにと気負いながら、再婚生活をスタートしました。さらにそらさんには、保育士だったというプライドがありました。

再婚生活半年後、下の継子（当時2歳）の夜泣きが止まらない日が続きました。癇癪を起こして暴れる激しい夜泣きに、そらさんは夫を起こさないようにと継子を抱きかかえ、オロオロするばかりでした。何をしてもやまずに、夜中まで続く夜泣き。そらさんは冷静ではいれなくなって、泣きやんでほしいと息ができないくらいに継子を強く抱きしめてしまいました。呼吸が苦しくなって瞬時に泣きやむ継子を見て、このままでは虐待してしまうとふとわれに返り、危機感を覚えました。「子どもがきらいだったんだろうか？」と悩んだといいます。

そこでそらさんはカウンセリングを訪れました。が

んばりすぎていると言われ、もっと継子と距離をあけるイメージをもとうとアドバイスされました。自分ひとりでがんばろうとしていたことが悪い方向に行くサインだったと気づいたといいます。「それから、なんでもがまんをしないで夫に伝えることにしました。虐待してしまいそうになったことも伝え、子育てを手伝ってほしいと素直に話をしたことで、夫も心配してくれて、私もひとりで悩みをかかえることがなくなり、らくになりました」。

■過去の愛の証としての継子への感情

多くの継母さんは夫のことが好きだからこそ、継子に対して複雑な心境になります。なぜなら、継子とは、好きな人の子どもであるとともに、好きな人が過去に愛した女性とのあいだに生まれた、愛の証でもあるからです。

そらさんも、パパが大好きな継子が夫とベタベタする日常の態度にイライラしました。継子が寝ているときに足をつねって、目が覚めたら隠れる、というヤキモチの意地悪をしたことがあると、笑いながら話してくれました。大人げないヤキモチだといわれるかもしれませんが、これは継母さんならではの感情です。

日々の継子の態度のほかにも、継母さんのストレスを募らせることがいくつかあります。ひとつは継子の母子手帳です。そらさんは継子の母子手帳をはじめて見たとき、出産状況の記載欄のとなりに貼ってあった、おなかから継子がとりあげられた直後の記録写真を見て、なんとも言えない嫌悪感を感じたといいます。また、予防注射に実子と継子をいっしょに連れていったときに「お母さんの名前が違いますが、どういったご関係ですか?」といちいち聞かれ、継母であることを説明するのもストレスだったといいます。

そこでそらさんは、継子ふたりの母子手帳を新しい手帳にするために、なくしたとうそをついて、新しい手帳をふたつ再発行してもらいました。必要事項だけ、夫にまえの母子手帳から書きうつしてもらい、母の名前の欄には自分の名前を記載して(継母)と書きました。

継子を愛せないという葛藤を乗り越えて、ステップファミリー生活5年目。振り返ると、最初の2年くらいがほんとうにつらかったといいます。現在は、なんでも夫婦で話し合えるようになりました。おたがいにいやなことがあったらとことん伝えることで、夫婦間の理解も深まり、らくになったとのこと。それでもまだ、新学期を迎えて親子でやる学校の支度などが増え、夫と継子の密な関係を目にすると、ヤキモチの感情が芽生えるといいます。継子はこの5年間ですっかりそらさんに懐いていて、はたからみたら「ふつうの家族」のように見えるのに、そらさんのなかからその感情がなくなることはありません。

それは子どもが好きだからとか、保育士だったからとか、そんな理由では解決できない、経験してみないとわからない感情だと、そらさんは言います。

継子を愛せない……。多くの継母さんはそう感じながらも、愛さなきゃ、親にならなくちゃ、と葛藤する日々です。

11 実母とのかかわりに振り回されて

小林美紀さん

〔家族歴〕7年

〔家族構成〕夫（41歳）、夫実子（16歳♂、13歳♀）
妻（42歳）、妻実子（18歳♀）
夫婦の実子（4歳♀）

〔現在の家族の問題点〕

・現在は夫、妻、夫婦の実子の3人暮らしのため、落ち着いている。

・いままでの継子とのかかわり方が、これでよかったのだろうかと疑問はある。

■面会交流での元夫婦お泊まり騒動で、破局の危機

「つい最近まで、ほんとうにたいへんなこと続きでした」と語る小林美紀さん。美紀さんはM－STEPの「ステップファミリー支援者向け養成講座」を受講し、その後、私たちの活動に参加、地方での交流会を開催してくれています。

美紀さんは12年前、高校時代のひとつ年下の後輩

と、おたがい子連れどうしで出会いました。

「私の離婚は夫の浮気によるものでした。その後の恋愛でも二股をかけられて別れた経験があるので、私って浮気されちゃうタイプなのかも……と恋愛に対して自信をなくしていました」と美紀さんは言います。なので彼から誘われたときにも、友人として食事にいくていどならいいかと、軽い気持ちだったそうです。

その気負わない気らくさがよかったのか、数か月後にはおたがいの子どももいっしょにデートをする仲になりました。「彼とはおたがいの子どもたちが大きくなるまで待とうと話していて、再婚を急ぐこともありませんでした」。

出会いから5年のおつきあいを経て、ふたりは再婚することになりますが、そこに至るには、ある大きな事件がありました。

夫の子どもたちと別れた実母とは、定期的な面会交流がありました。面会のために実母が彼の実家に出入りしているといううわさを近所から聞くこともあり、美紀さんは知っていました。

面会交流は子どもの権利だからしかたないと思っていきましたが、彼の離婚原因が元嫁の浮気だと聞いていたので、ほかの男と暮らすために子どもたちをおいて出たのに身勝手だな、と感じていたといいます。

彼とのおつきあいから4年が経ったある日のできごとでした。看護師をしている美紀さんが長期研修に出かけているときに、彼からメールが届きました。元嫁と子どもたちを連れてドライブに行ってくる、宿泊するかもしれないという内容でした。もちろん美紀さんの気持ちは穏やかではありません。いくら子どもたちの希望だといっても、元夫婦が宿泊するなんて……。子どもたちのためにがまんするべきかと葛藤しながら、美紀さんは彼の連絡を待ちました。

その夜、彼から電話があり、宿泊はしないで帰宅したことを知りました。しかし、そのときに彼が口にしたのは、「子どもたちのために元嫁とよりをもどそうと思ったことが、この4年間に何度かあった」という言葉でした。

「ショックでした。4年間もつきあってきたのにいまさらそんな告白をされて、そんなもろい愛ならいらないと思いました。また二股？　また浮気？　という気持ちになりました」と美紀さんは当時を振り返り、涙ながらに語ります。

そして、美紀さんは身を引く決意をします。「元嫁も男と別れてきて、よりをもどしたいと言っていたみたいなので、私はいいよと伝えました。それまでの4年間はなんだったんだろう……と思いながら」。

■「もう会わなくていい」と面会交流中止を宣言されるも

彼の実家に元嫁が頻繁に出入りしているといううわさも聞いたので、彼は元嫁とよりをもどすんだろうなと思い、あきらめていた1か月後、彼から電話がありました。

「やっぱりきみじゃなきゃダメだ」と彼に言われ、子どものために無理をしてみたけれど、割り切ることができなかったと、彼の正直な気持ちを伝えられました。彼は元嫁に、愛がないのでやりなおしはできないことを伝え、美紀さんのもとにもどってきました。

その後、しばらくは子どもと元嫁の面会交流は続きましたが、新しい恋人ができた元嫁が、もう子どもには会わなくていいと一方的に言いだしました。彼は「もう面会交流はしません」と元嫁に一筆書かせて約束を交わし、交流もなくなったかのようにみえました。

再婚してからは実母との面会交流はないと思っていました。ところが、祖母(実母の母)との面会が続いていて、祖母の家で内緒で実母が子どもたちに会っているらしいことを耳にします。

元嫁の身勝手さにほとほとあきれて、彼から「いまは再婚して美紀もがんばっているから、子どもたちには会わないでほしい」と伝えてもらったところ、「自分の子どもと自由に会って何が悪い?!」と逆切れされたそうです。

くやしいけれど、子どもたちにとっては実の親なので、認めよう、気にしないようにしようと美紀さんは思ってきたといいます。

しかし、面会交流の折にふれて、美紀さんの悪口を子どもたちに吹き込む実母。「家族をやりなおしたくてお母さんは努力したのに、あの女がじゃまをした」とか「あの女があなたたちの面倒をみるのはあたりまえなんだから」などと、子どもたちに伝えていたようです。

「あるとき、ふたりの継子が同じようなセリフで反抗してきたときに、それを知りました。『私(おれ)の面倒をみるのはあたりまえだ!』とふたりの継子に別々に言われたときに、だれがそんなことを言ったの?と確認したら、母ちゃんから言われたと……」

再婚して2年後には、近所で実母を見かけることが増えました。祖母が住んでいる家が美紀さんたちの家から5分の場所にあるのですが、どうやらそこに住みだしたようです。子どもたちも思春期の手前で多感な時期だし、美紀さんも継母をしていてむなしくなると夫に話をして、実母のもとに話し合いにいってもらいました。ところが、ここでも逆切れ。「お母さんがうつ病になって助けにもどってきたのに、何が悪い?あんたんちの子どもの問題は、あいつの育て方が悪いからだよ!」と言われたそうです。

■**家を出ていった継子たちとの心地いい距離**

1年前に、下の継子は実母のもとで暮らしはじめました。小学校の授業で「自分の内面を知りましょう」という課題があり、そこに「なんで私だけお母さんがいないの?」と書かれていたと、美紀さんは担任から知らされました。このときに、美紀さんは突き落とされた気分だったといいます。「あの子は出会ったときから成長が止まっている感じで、それは母性が足りてないからなのだと思います。こんなにがんばってきても、私はお母さんと認められてなかったというのがショックでした」と美紀さん。夫と元嫁と祖父母が話し合いをして、祖父母の家の近くの実母の家で暮らすことが決まりました。

また、3か月ほどまえから上のお兄ちゃんも祖父母の家で暮らすことになりました。父親との喧嘩で、自分も実母の家に行きたいと言いだした息子に対して、実母は「この子は無理。離れすぎていて理解できないから」と本人を前に断ったそうです。

美紀さんの実子も大学生になって家を出た現在は、夫、美紀さん、ふたりのあいだの実子との3人暮らしになりました。たまに実母に内緒で遊びにくる継子妹、道端でばったり出会ったらうれしそうに手を振る継子兄を見ていて感じるのは、近すぎないいまの距離が心地いいということ……。「たまに実母と喧嘩して、もどってきたいという話もあるみたいですけど、もう私はいっしょに暮らすのはいやですね。実母もあれだけえらそうに言うんだから、わが子をしっかりと育ててほしいと思っています」と美紀さんは言いました。

日本では離婚後の親子の面会交流の実施率は低いので、あまり問題になることはないかと思われますが、問題になると根深いのが、元の配偶者（子どもの実親）とのしがらみでもあります。もちろん、面会交流が問題なく実施されているステップファミリーもありますが、何かしらの苦労は伴っているのではないかと思います。

12 継祖父母から受ける差別【子の立場から❶】

吉岡真一さん
［家族歴］3年
［家族構成］本人（8歳）
実父（31歳）
継母（33歳）
継母の実子（3歳♂、0歳♀）
継母のおい（8歳）
継祖父（58歳）、継祖母（55歳）
※当時の年齢を記載

■横断歩道の真ん中で、父か母かの選択を迫られる

「ステップファミリーの経験は、51年間の長い人生のなかではたったの3年間です。でも、親の離婚と再婚に振り回されて、いきなり大家族になって漫画のサザエさんのような生活を経験することになったので、よく覚えてますね」と語るのは吉岡真一さん。吉岡さんと私は、仕事を通じて数年前に出会いました。現在はご結婚されていて、2児の父親として幸せに暮らす吉

岡さんですが、子ども時代にはさまざまなご苦労があったと聞いています。

吉岡さんの両親は、吉岡さんが5歳のときに離婚しました。「おやじもおふくろも浮気していたと思いますよ。おやじはまったく家に帰ってこなかったし、おふくろはクラブホステスをしていて、毎日のように家に別の男性が出入りしていましたから。同伴デートに連れていかれることもたびたびあって、子どもながらにそんな境遇をふつうに受け入れていましたね」と言います。

「あるとき、離婚するけど、おまえはどっちに行きたい？　と両親から聞かれたことがありました。私が黙っていると、おやじとおふくろがおたがいに『あっちに行きなさい』と言って、いま思えば、譲りあいだったのか、それとも押しつけあいなのか、不思議な光景でしたね」と、吉岡さんは幼い記憶に残るシーンを語ります。それは、横断歩道の真ん中で交わされた会話だったといいます。

その後、母親に引きとられて、福岡にある母の実家に引っ越しをすることになりました。母親は福岡でも水商売をしていたので、帰ってこないことが多く、吉岡さんは祖母に育てられました。

福岡に行って半年くらいしたある日、突然、父親がやってきました。祖母にあずけられっぱなしの息子を不憫に思い、自分が面倒をみるといって吉岡さんを東京に連れて帰ったそうです。でも、父親も父子家庭としてひとりで子育てするのは無理だったらしく、すぐに父方の祖母に助けをもとめて、父親と祖母と吉岡さんの3人の生活がはじまりました。しばらくはそんな生活が続きますが、吉岡さんが8歳になったときに、急に父親から引っ越しをすると伝えられます。突然の引っ越しで、祖母や学校の友人との別れがとてもつらかったけれど、親の決めたことに黙って従うしかなかったと、吉岡さんは言います。

■継母一家との同居で、継祖父母から差別を受ける

引っ越し先は都内の大きな一軒家で、少しまえから週末になると連れていかれて過ごしていた家でした。そこには良子ちゃんというお姉さんがいて、良子ちゃんの子どもたちとおいっ子、さらに良子ちゃんの両親

が同居していました。

「0歳だった赤ちゃんは、きっと父と良子ちゃんの子どもだったと思います。子どもができたから再婚したんじゃないかな? 急に大家族になりました。兄弟、妹ができて、良子ちゃんが継母になりました。父と母は同じ会社で働いていたので、ふたりが仕事に行くと、私は祖父母と継きょうだいたちと過ごすことになりました。自分だけが仲間はずれのような寂しさをいつも感じていました」と吉岡さんは言います。どんなことで仲間はずれ感をもっていたのかと、いくつかのエピソードをお聞きしました。

子どもたちにお小遣いを配るのは祖母の役割でした。吉岡さんと同年齢の8歳の兄がもらうお小遣いと、吉岡さんがもらうお小遣いの額が明らかに違っていました。それに気がついたのは、兄とふたりで駄菓子屋に行ったときです。欲しい駄菓子を買えない吉岡さんを見て、兄が「100円もらったんだから買えるでしょ?」と言いました。しかし、吉岡さんは20円しかもらっていませんでした。やさしい兄はそのとき、足して2で割った金額の差額を吉岡さんにくれたといいます。

また、ケーキを子どもたちで分けるときにも、祖母は「真ちゃんは体が小さいから、小さいほうでいいよね」と言いながら、同年齢の実孫に大きなケーキを与えます。自転車が欲しいと言ったときにも、祖母は実孫には新品のスポーツサイクルを買いあたえましたが、吉岡さんには「体が小さいから」という理由で、中古の子ども用の自転車でした。

また、祖父母と団欒しているとき、吉岡さんが祖父に話しかけると、そっぽを向いて聞こえないふりをするので、顔の近くに行って話しかけると、「子どもが聞く話じゃないだろ」と冷たく言われたり、祖父母の話に口を挟むと、「子どもがでる幕じゃない」と怒られたりしたそうです。でも、実孫が同じようなことで話しかけるとやさしく答えていて、対応がまったく違うので、寂しかったといいます。

そんな悩みを父に相談しても、不機嫌になり「がまんしろ」と言われるだけなので、陰で泣いていた毎日でした。「たぶん、おやじと私は祖父母に受け入れられてなかったんだと思います。子どもができたから再婚することが決まって、おやじも不愛想な男だったし、きらわれていたんじゃないかな。だから連れ子だった私をうざいと思っていたんでしょうね」と吉岡さんは言います。

■やさしかった継母や継きょうだいとの、突然の別れ

「祖父母が冷たくても、幸いきょうだいはやさしかったし、いつも楽しく遊んでいました。大家族だったので、車2台でいろいろなところに出かけたり、いい思い出もあります。それから、母親はいつもやさしくしてくれました」と吉岡さん。

「最初のころは継母のことを『お母さん』とは呼べなくて『良子ちゃん』と呼んでいたんです。1年くらいたったある日、お風呂でシャンプーをしてもらっているときに、ほかのきょうだいが『お母さん』と話しかけていたので、私も自然に『ねぇ、お母さん……』と話しかけたんですね、そうしたら後ろから抱きしめられて『真ちゃんにお母さんって呼んでもらえてうれしい……』といってわんわん泣いたので、びっくりしました」

このお話を聞いたとき、私も涙が出そうになるのをこらえました。継母の苦労を乗り越える瞬間だったと思います。継子に受け入れてもらえた瞬間、継母としてほんとうに幸せだったのだと思います。継母になったことがある人にしかわからない喜びですが、私は経験者なので、この気持ちがとてもよくわかりました。

再婚から3年目、吉岡さんのステップファミリー生活はまた急に終わります。「あるとき寝ていたら突然、父親に口を押さえられて起こされました。『シーッ』と言われ、いまから家を出るからランドセルと教科書を持ってついて来いと言われました」。吉岡さんは父親といっしょに家を出て、また父方の祖母の家にもどります。

「なんだかわからなかったです。推測ですが、父が会社のお金を横領して逃げたんだと思います。私は急な引っ越しでお母さんやきょうだい、そして学校の友だちにさよならも言えずに急にいなくなるしかなったのが、すごく悲しかったです」と吉岡さん。

たった3年間のステップファミリー生活のなかにあった苦労と思い出でしたが、とても深い経験だと感

じました。離婚も再婚も、いつも子どもには決定権がなく、子どもは親の都合に振り回される弱い立場です。吉岡さんが特別だったのではなく、子どもたちはみんな、親の選択に従うしかなく、黙ってついていき、その境遇のなかで自分なりに精いっぱいがんばって、居場所や思い出をつくっていくしかないのです。

13 継父との同居に受けるストレス【子の立場から❷】

佐藤由美さん
〔家族歴〕12年
〔家族構成〕本人(25歳)、妹(24歳)
実母(45歳)、継父(41歳)
〔現在の家族の問題点〕
・いまは家を出て別に暮らしているので、とくになし。

■受け入れるしかなかった「母の友だち」との同居

「思春期の子がふたりもいる母子家庭と、初婚だった父がなぜ結婚しようと思ったのかが不思議ですね。聞いてみたいと思っても、いまだに聞いたことはありません。母はいい女でもないし、障害があり、車椅子生活です。支えている父の気持ちははかり知れません」と語る佐藤由美さん。佐藤さんは、私が理事を務めるNPOに、学生のときからボランティアで参加してくれています。その後大学を卒業し、現在は保育士をしています。

由美さんにはひとつ年下の妹がいます。由美さんのお母さんは姉妹が物心つくまえに離婚しました。足の障害をかかえながら、職業訓練に通い、祖母の助けのもと、シングルマザーとしてがんばる生活でした。そのため、姉妹は幼児期から小学校高学年までは祖母の家で暮らし、母と祖母の家を行ったり来たりしていたそうです。小学校5年生のときに、お母さんの家ではじめて継父になる人と出会いました。「そのとき、母からは訓練校のお友だちという感じで紹介されたと思いますが、子どもながらにたんなる友だちではなく、母の恋人だなって感じていました」と由美さん。その時期、由美さんは耳の病気で入院をすることがありました。病院にたびたびお見舞いにきてくれる彼を素直に受け入れられずに、話もしなかったといいます。

姉妹は由美さんの中学入学と同時に祖母の家を出て、母子3人の生活がスタートしました。その3か月後に母から彼が引っ越しをしてくるという話を聞きました。「賛成も反対もありません。子どもにしてみたら親が決めたことを素直に受け入れるしかなかったし。でも、はじめはいやではなかったんです」と由美さんは言います。

■ただ漠然と、存在がいやだった

せまい2DKのアパートでの暮らしに、知らない男の人がいる生活。思春期の女の子にとって、それはだんだんとストレスになっていきました。

「お父さんが酔っぱらって帰ってくると、私たち姉妹の寝ている部屋に来て、かわいいからだと思いますが、ほっぺにキスをすることがたまにありました。それがすごくいやでした」と。父親からしたら、かわいいふたりの姉妹に対する愛情表現だったのでしょう。かわいしかし、由美さんにしたら、他人の男性からのそんな行為に嫌悪感を感じるのは当然です。

「妹はすぐに父に懐きました。彼女の性格だと思うのですが、うまく立ちまわりできるというか……ずるいんですよ。父のことをパピーとか呼びだして、父もうれしそうでした。でも、私は父と話すこともできずに、疎外感を覚えるばかりでした」と由美さんは言います。母と父とのお出かけにちゃっかりついていく妹を見ながら、自分は家でひとり待っていることが多かったといいます。

継父は自分がステップファミリーで育った経験があるので、由美さんのお母さんとの入籍は急がずに、事実婚のまま生活していました。子どもたちの名字を変えたくないという配慮があったのだといいます。また、がんばって父親になろうという感じもなく、お母さんが子どもたちをヒステリックに怒っていると、なだめてくれる役割を担っていました。

「父親づらしたりする人ではなかったし、母にとって頼りにできる存在だったのでありがたかったはずなのですが……。ただ漠然と存在がいやで、口をきかない生活が続きました。何がいやだったかって聞かれると難しいのですが、父がおならやゲップをするのも許せないって感じでした。挨拶くらいはちゃんとしなさいと、母から怒られたことがあります」と由美さんは言います。

継父がつくってくれたお弁当を持っていって外で捨てたり、お弁当がつくってあってもわざと忘れていったり、そんな意地悪をしたこともあるそうです。

■ストレスが減るなかで、継父を受け入れられるように

由美さんが中学2年生になったときに引っ越しをしました。間取りも、これまでのせまい2ＤＫのアパートから3ＬＤＫになり、姉妹はそれぞれ個室を与えられました。

「引っ越しをして、ストレスがかなりなくなりました。自分の部屋ができたのがよかったと思います。でも、家にいても自室にこもっていたし、食事もそれぞれバラバラだったし、リビングでくつろぐことはなかったですね」と由美さん。いまでも、友人の家などで家族がリビングでいっしょにテレビを見たりするなど、一家団欒しているのを見ると、違和感をもつといいます。

思春期の姉妹の反抗は実母に向いていました。小学生のときにいっしょに暮らしてくれなかったという不満を母にぶつけていたといいます。とくに妹は荒れていて、家に帰ってこないで彼氏の家に入りびたったりといったことも。そんなときに足の悪い母にかわって、連れもどしに向かってくれたのも継父だったといいます。母は「できたから産んだだけなのに、どうし

て私がこんな思いをしなくちゃいけないの?!」と泣きさけんで、由美さんにも当たりちらし、子どもたちとさらにもめる。その板挟みになって、お父さんもかなり苦しんでいただろう、と言います。

「父はそんな苦労をなぜ選んだんだろう、初婚だったのに、と思いますね。だから、もしもいま父が母以外の人と浮気をしていたとしても、私は許せます」と言いながら笑う由美さん。大学を卒業して保育士になり、さまざまな家庭を見ているなかで、最近は、私のウチはこれでよかったんだなと感じるそうです。それは、ストレスはあったけれど、継父の立ち位置が、出るところは出て、余計なところは出てこないし、なによりも母にとっては心のよりどころになっているからだといいます。

「私が高校生になったときに、母に名字が変わってもいいよと伝えました。結婚していいよとは言えなかったんですけど……」と由美さん。いっしょに暮らしていて自分たちを経済的にも支えてくれているのに、父が配偶者控除を受けられないことなどを考えて、入籍したほうがいいと思ったそうです。

そして後日、たまたま夕飯をいっしょに食べていた父親から「ありがとう、うれしかったよ」と言われたことがいまでも思い出に残っている、と由美さんは言います。思春期の反抗期も終盤で、親の恋愛をしっかりと受け入れようと思ったタイミングだったのでしょう。

■ **親の再婚に賛成です——大人になったいまの気持ち**

25歳になったいまでも、継父とは会話のコミュニケーションはうまくとれませんが、いっしょに生活したころから父の日の感謝の手紙は欠かさないで書いていたそうです。口で言えなくても、手紙でありがとうを伝えてきたといいます。

会話がなくても、苦労があっても、ひそかに思う感謝の気持ちが伝わっていたからこそ、お父さんはがんばれたのかもしれないな、と由美さんの話を聞いて思いました。

由美さんのケースは継父自身がステップファミリーに育った経験が生かされていて、子どもたちにいやな思いをさせないようにという配慮がありました。それでも、こうしたストレスは避けられなかったわけです。

逆に、父親になろうとがんばる継父だった場合、子どもにとっては親でもない大人に厳しくしつけをされることに対する反発の気持ちが出ます。よく耳にする「母子の生活のほうが楽しかった」という子どものセリフは、まさしく正直な気持ちの表れでしょう。

最後に、由美さんに親の再婚について賛否を聞いてみました。「親の再婚については、大人になったいまだからかもしれませんが、賛成です。母親の精神的な支えとして、また経済的な意味でも男性の力を必要とする場面は多いと思います。母親がストレスフルな状態で子どもたちに八つ当たりをしたり、目を向けてあげられないなどといったことを考えると、やはり母親ひとりですべてを背負うのは、子どもにとってもマイナスな影響が多いと感じるからです。あくまでも私の家庭を振り返っての意見ですが」と由美さんは言います。

苦労はあっても、成長してから、私の家はこれでよかったんだと思えるゴールがあればいいのかもしれないなと思いました。

コラム

ステップファミリーを傷つけるNGワード

ステップファミリーはさまざまな問題をかかえてがんばっている家族です。それなのに、まわりの理解がないせいで傷つけられていることが多いのです。まわりが口にしている悪気のない言葉に、当事者はどんなふうに傷つけられているのでしょうか。聞いてみました。

「わかっていて結婚したんでしょ？」「結婚を決めたのは自分だよね。覚悟が足りなかったんじゃないの？」――これ、私も言われて落ち込んだ経験があります。あるていどの覚悟はあったものの、こんなにたいへんだとは思わなかったというのが本心だったので、経験もない人には言われたくないなと思いました。

「子どもには罪はない」「結婚したんだから連れ子を育てるのはあたりまえ」「ご家庭がそんな感じだから、子どもがいろいろ悩んでいるのでは？」――たしかに子どもに罪はないけれど、世の中は過剰に子どもの立場に立って見てしまいがちです。わかっているからがんばっているのに、追いうちをかけるように責めたり疑ったりしないで、励ましてほしいというのが本音です。

また、悩んだ継母さんが、子育て相談を訪れたときに言われるアドバイスも当事者を傷つけます。「子どもはいっぱい抱きしめて育ててあげてください」「（継子と）ふたりだけの時間をつくってあげてください。もっとスキンシップをとってあげてください」などです。

そうしなくてはならないことは重々わかっていてもできないから、自分の母性の欠落を疑って悩んでいます。勇気をもって訪れた相談先で、癒されずに傷つけられてしまう二次被害はたまらないですね。支援者には、当事者ができないことを認めてあげて、がんばっていることを励ましてほしいと思っています。一般の子育て論では解決できないのです。

「愛情をもって育てれば、いつかわかってくれるわよ」と友人や知人が励ましてくれても、励まされている気がしないという継母さんもいました。経験もないあなたに何がわかるのと思う気持ちもよくわかります。

それからふだんの生活のなかにも、傷つけられるたくさんの場面があります。「三人年子なの？　すごいね」「ずいぶん年が離れたお子さんがいるんですね」など、いきなりたくさんの子どものお母さんになって、自分が生んだわけじゃない子のことをどう説明したらいいのか、とまどう場面が多くあります。堂々とカミングアウトできたらいいのですが、いろいろ聞かれるのも面倒だと感じて内緒にしたい人も多くいます。

同様に、「（継子の）お母さんなんだから」と言われるのもイラッとします。「私の子じゃありませんから」と言いたくなるようです。

おもに継母さんの立場からのＮＧワードをお伝えしましたが、男性やお子さんの立場からも、家族のことを詮索されるような質問を根ほり葉ほりされるのが苦手という意見を聞いています。

私にも経験がありますが、ＮＧワードというよりも、子連れ再婚だということをカミングアウトしたときに、相手がどう反応したらいいのかわからないような空気が漂うことに傷つくのだと思います。私も「実の子じゃないので……」と継子の友だちのお母さんに打ち明けたときに、「でも懐いてくれていてよかったね」と言われ、悪意のないひと言だったとは思いますが、なぜか傷つきました。

そんな事情を理解して、言葉を選んでやさしく接してほしいと思うのです。

自由記述欄につづられた声

Q 再婚後、あなたの生活はどんなふうに変化しましたか？その変化のなかでとくにつらいものはありますか？

〈継子という存在ができて〉

● いきなり他人の子どもと生活をともにし、監視されてるような気になりました。しつけをするにしても、旦那の目、実母の目、世間の目が気になるし、なにより継子と信頼関係ができていない時期はしかり方もよくわからず、家にいても落ち着かない日々でした。継子は食べものの好ききらいが多い子なので、食事の支度にもすごく気をつかい、毎日が憂鬱でした。

● 継子との関係について夫に気をつかう生活になった。何かするときにかならず継子のことを考えてから計画を立てなければいけなくなった。継子の生活態度にイライラする毎日になった。

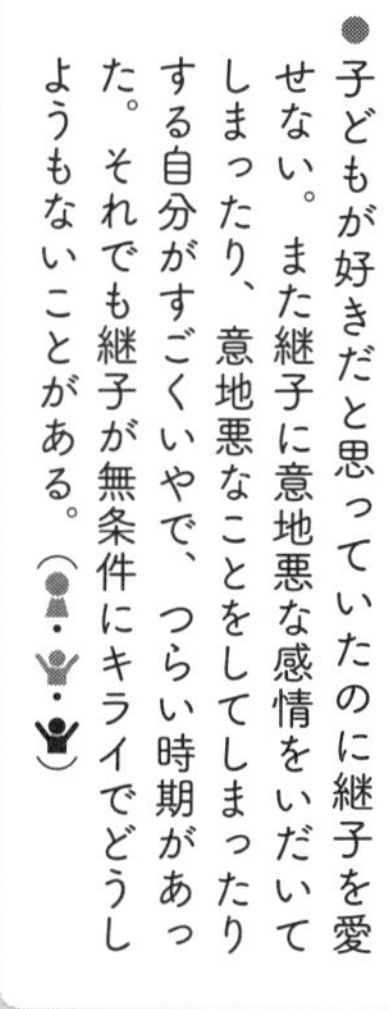

● 子どもが好きだと思っていたのに継子を愛せない。また継子に意地悪な感情をいだいてしまったり、意地悪なことをしてしまったりする自分がすごくいやで、つらい時期があった。それでも継子が無条件にキライでどうしようもないことがある。

● 諸事情により私の住む家へ主人と継子が引っ越してくるのですが、まだ小学生で面倒をみてくれる人もいないのと、継子が「学童やだれかに預けられるのはもういやだ」と言い、学校から「ただいま！」と帰ったら私に「おかえりなさい」と言ってほしい、と言うので会社を退職しました。子どもの学年が変わるタイミングでこちらに引っ越して来るので、まだ生活にはさほど変化はありませんが、これからだと思います。

● 実子が生まれてから連れ子を疎ましく思うようになってしまった。

● 子育てがたいへんだと感じた。パートナーとの考え方の違い。パートナーの実子と継子への接し方が違い、パートナーに言いたいが、言えない。夫婦どうしでも難しいのに、ふたつの家族がいっしょの生活がたいへん。

回答内のアイコンは、結婚当初の本人と子どもの立場を表しています。＝妻、＝夫、＝妻の実子、＝夫の実子

●継子が子どもができることをいやがり、なかなか妊娠に踏みきれず、高齢出産になったこと。セメントが生まれて喜ぶよりさきに、継子を優先してかわいがるよう言われたこと。思春期になり、SNSや日記に私の悪口を書かれ、それでも身のまわりの世話や学費を払っているのがバカらしくなった。

●お母さんなんだからと言われる。継子をかわいいと思えない。

●継子たちがたいへんで心身ともに疲れている。

●いきなり子育てしなきゃならなくてストレスだった。

●家事、育児において、負担が2倍に増えた。また、継子や旦那に対しての精神的な苦痛もものすごく増え、家が落ち着く場所ではなくなったこと。

●向こうの子どもたちは、父親がキライらしく、私にはわがまま放題言うが、父親の顔色をうかがって、父親がいるときとは違う態度だから、イライラする。

●実子と継子を同じには愛せない。継子のせいで喧嘩が絶えない。継子が産みの親にそっくりで気持ち悪い。母親になれと強要される。旦那が継子の味方ばかりする。

●親同等のことを求められるわりに、問題が起きれば「親じゃないから」と全否定されて、とにかく精神的につらかった。

●同居の最初の数か月は継子からの暴言が多々あり、こちらが胃炎を起こして食事ができなくなった。

●家庭に入り、家事育児に専念をした。継娘自身がほんとうのお母さんじゃないとはじめて会う人にも言いふらしていたので、偏見の目で見られていることを肌で感じていた。偏見は夫、義父母、義姉からもあったので、シンデレラ幻想は根強いと思った。継子が年相応のしつけをされていなかったこと。わがままな夫と継娘、継娘の日常的な嘘、小学校高学年になってからは盗み、罵声を浴びせる、人を疑う、悪意を向けられるなどに苦しみました。結婚前はなかった経験なので、ずいぶんたくましくなりました。

●子どもが慣れてきて反抗的な態度をとるようになり、実子ではないので、許せないときがある。

●継子の子育てがイヤになった。

●子どもと意思疎通が成立せず、ひとり相撲をとっているような違和感があった。子どもの発達で感じる不安や、実子ではないことでのワダカマリなど、パートナーの理解を得られず、イライラを解消することもできなかった。

●継子にとってよき親にならなきゃとがんばってがんばって、それで実母とくらべられるのがいやだったりつらかったり。自分の実子（セメントベビー）ができたときはとまどった。

●育ってきた環境の違いによる子どもへの向き合い方の違いがわからずに悩んでいます。

●継子のことがきらいなのに「かわいいね」とか「すごいねと」か言わなきゃいけないのもつらい。パートナーが子どもをかわいがればかわいがるほどつらい。

●つねに継子優先にしてしまう。必要以上に優先しないといけないという強迫観念がある。

●未婚でいきなり小学生の母となり、気おくれの気持ちを感じたり、ママ友グループを怖いと思ったりしました。いま、実子をもってはじめて知ることに、申し訳なさを感じたり、スランプです。

●突然母になったこと。その変化に対応していくのに、精神的にも肉体的にもつらかったです。日々自分の子育てはこれであってるのだろうか？　ふつうのお母さんはこんな気持ちになるのだろうか？　と自信がもてません。

●子どもが最優先になった。いつも「子どもがかわいそう」という目で見られている気がした。自分がつらくても「わかってたことだろう」と言われるのではないかと思い、くやしくなったり、受けいれられなかったりした。ストレスがたまり、いちばん弱い立場の子どもに当たることがあった。

〈実子の立場がなくなって〉

●仕事は減らしたのに、継子に手がかかりすぎて、疲れる。小さなことから大きなことまでなんでもする継子に対してしかったりするが、その生活のなかに実子をいさせなきゃいけないのがいちばんつらい。もっと穏やかに暮らしたい。

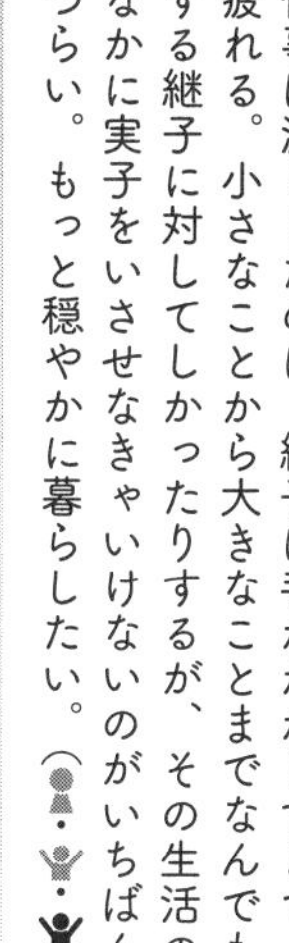

●実子を優先できなくなった、言いたいことを言えない。

●継子と私との関係、夫と私の実子との関係がうまくいっていないため、精神的にまいってしまうことの連続。実子が夫に愛されないどころか、毛ぎらいされてることで苦しんでる姿を見るのがなによりもつらい。

●私の連れ子に対してパートナーがつらく厳しく当たり、そのことで夫婦で何度も話し合いをおこなうが改善されない。暴言を吐くことがほとんどのため、パートナーとの息子にとってもよい影響はないこともつらい。

●自分の子と相手の子の個性が違いすぎたこと。自分の子の特性をパートナーやパートナーの親に理解してもらえなかった。

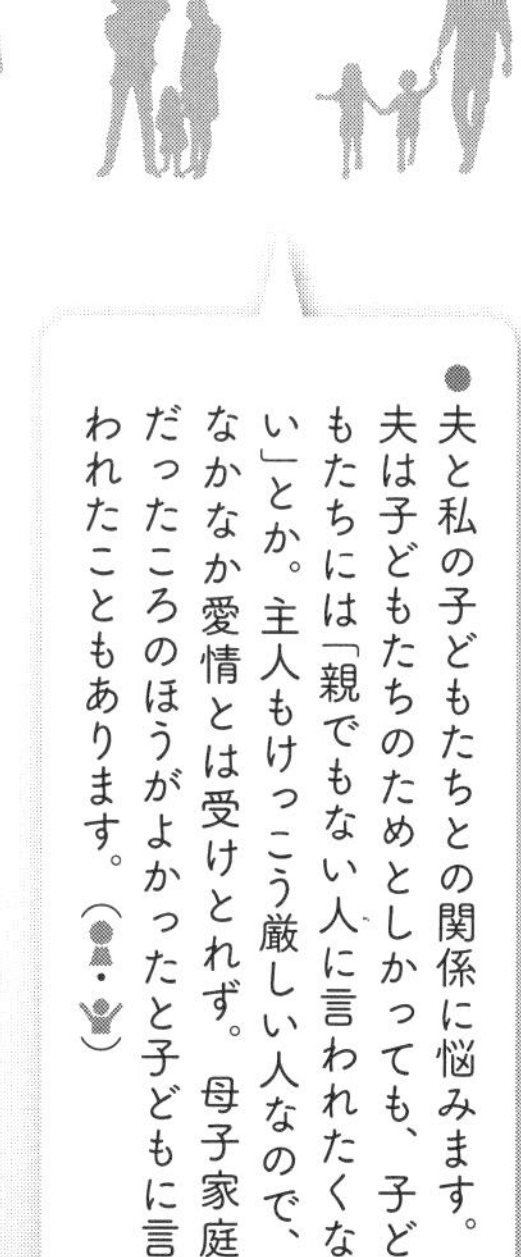

●夫と私の子どもたちとの関係に悩みます。夫は子どもたちのためとしかっても、子どもたちには「親でもない人に言われたくない」とか。主人もけっこう厳しい人なので、なかなか愛情とは受けとれず。母子家庭だったころのほうがよかったと子どもに言われたこともあります。

〈いきなり大家族になって〉

●子どもの人数が急に増えて家事、洗濯に時間がかかり、おたがいの真ん中の娘が同じ年齢だったので、まわりの人に「自分の子どもばっかりかわいがるな」と誹謗中傷を受け、人の目がすごく気になるようになってしまった。イライラするようになってしまった。

●子どもの世話はほとんど夫がやっているが、食事の支度などは子ども中心になっており、また、同居の義父からも家事をあてにされてしまい、自分の仕事のペースが保てなくなった。

●好きなことをする時間が減った。子どもが増えて経済的にきつい。

- 子育ての負担が増え、さらに経済的な負担が大きくなった。
- もとは息子とふたりの生活でそれなりにゆとりがありましたが、いまは子ども3人になってしまい、育児にも家事にも金銭的にも何もかもゆとりがなくなりました。12年もシングルマザーだったので、自分の時間がなくなったことを残念に感じる。
- ひとり暮らしから一転、6人家族（義父母、夫の妹、夫の息子、夫、私）の生活で、プライベートスペースが家のなかにない。
- 家事に追われる。子どもがいるため、結婚と同時に自由が激減した。子育て（とくにしつけ）に関して、頭がフル回転している状態になった。継子の子育てストレスで精神的負担が増え、怒ったり泣いたりなど、「自分らしさ」がなくなった。
- 子どもたちがいて、イライラすることが多くなった。

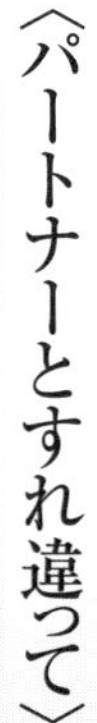

〈パートナーとすれ違って〉

- 自由がなくなった。子どもがあるていど育ってからの再婚だったので、自分の自由時間が多かったが、再婚すると夫にもあわせなければならない。母子家庭で自由に自分の采配で動いてきて、自分の生活ができあがったところで共同生活になったので、夫が家にいるということにストレスを感じることがある。
- 結婚に幻想がなく現実しか見えていないため、夫とのギャップが激しく、現実を伝えるのがたいへんだった（夫は初婚）。
- 夫と子育てやしつけについて価値観に大幅な違いがあり、たえず喧嘩になることが苦痛。
- 夫婦の時間も自分自身の時間もなくなり、子どもも中心の生活に変わりました。夫と自分という一対一の関係でなく、夫と家族全員という関係になったように感じたことです。
- 家事などは私のやり方でいいと言っていたが、口を出してくる。手伝いはいっさいしない。

●夫のモラハラにより心身ともに病気になりました。

●パートナーとの価値観の違いから喧嘩が増えた。新婚生活感がまったくない。

●パートナーが子どもたちを自分に任せっぱなしで、仕事や飲み会ばかりにいき、とまどいのなか舅姑との関係にも疲れてうつ病になった。

●金銭的、精神的余裕ができましたが、再婚者であるパートナーが、私の実娘との関係について悩み、私は挟み撃ちになりしんどいです。

●相手へ負い目を感じて、言いたいことを言えないことがある。

●継子との絆は深まったと思う。つらいのは、夫がいる生活。面倒。

●パートナーがいきなり父親になれないので、子ども以上に手がかかる。上の子の思春期の問題を夫は無視しています。子どもにおこづかいをせびられ、文句を言われてつらいです。

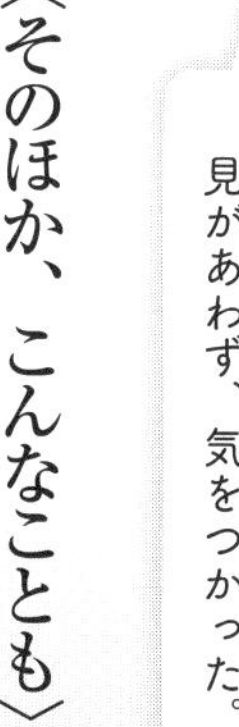

〈パートナーの実家とのかかわりのなかで〉

●姑が、私たちが再婚したのを親戚に隠している。

●敷地内同居なので、自由がなくなった。

●再婚相手が聴覚障害者のため、さまざまな場面で通訳や代理をしなければならない。再婚相手の家族とのもめごとがあり、縁を切りました。

●継子のしつけや教育について相手の両親と意見があわず、気をつかった。

〈そのほか、こんなことも〉

●相手にあわせると自分の時間がなくなり、睡眠時間が4時間くらいしかなくなった。店を経営しているので帰りが遅い。レンジで温めるのをいやがるので、夕飯をそのつどつくらなければならない。

- 自分の時間がない。本音と建て前の区別がつかなくなった。
- 気をつかわなくてはいけないことや状況が増えたこと。
- いまの子どもって、学校でも家庭でもずいぶん甘やかされてるなあと思う。でも、私がそのような意見を言うと、子ども産んだことがない人だからねえ的な扱いを受けて、くやしい。
- 新婚生活ははじめからなかった。しょうがないとあきらめていたけれど、新婚旅行に継子がついてきたのがさすがに理解ができず苦しんだ。
- 仕事をやめた。同意のうえだが、働きたいとつねづね思う。パートナーに母親として扱われるようになった。結局、彼は実娘とベッタリでつらい。
- やりがいと誇りであった仕事をやめ、家庭に入りました。継子と同じ空間(家)にいることじたい、つらいです。

- 金銭面がきつくなった。家にいるのがつらくなった。
- 都心以外で生活したことがないので、友だちのあまりいない生活。
- パートナーの生活環境にそのまま入り、生活しはじめたため、継子に関連する学校での人間関係など。また、義両親と継子の教育方針での食い違い。
- 子どもは相手の実家で義母(おばあちゃん)が育てているので、相手とともに週末だけ3時間かけ実家に通い、子どもたちと過ごす。楽しいが、自分の時間が少なくなる。体力が少しきつい。
- 近々、元夫と子どもの面会が再開されるため、子どものようすに気をとられる時間が増えていくのだと思うし、現夫にも子どもが冷たい態度をしないかなど気を配る機会が増えていきそう。
- 継子を育てること、前妻の存在が絡んでくることがつねに苦痛です。

〈心身ともに疲れて〉

●夫の元妻から面会交流を要求され、継子は面会にいくのですが、家族らしくなってきたと思うと実母にじゃまされ、家族がバラバラになる。たまに会って母親づらをされると、ほんとうに頭にくる。継子も一時、情緒不安定になっていたので、面会を控えてもらうよう言ったのだが聞きいれず、自分の要求だけを押しとおしてくる。

●なんでも子ども優先で、毎日うるさくてもがまん。毎日がまん。家計のやりくり（経理担当）、毎日のごはんの悩み（調理師担当）、子どもの教育、しつけ、車の運転もはじめてしたし、はじめての場所に住むことになって、ぜんぶはじめて。子どもを病院に連れていったり保育園の行事に参加したり、ぜんぶはじめて。ぜんぶつらい。

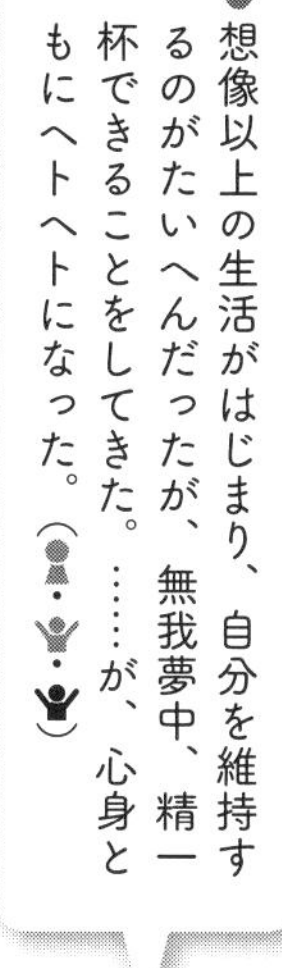

●想像以上の生活がはじまり、自分を維持するのがたいへんだったが、無我夢中、精一杯できることをしてきた。……が、心身ともにヘトヘトになった。

●いつも緊張して、やすらぎがない。

〈つらいこともあるが、よくなったことも〉

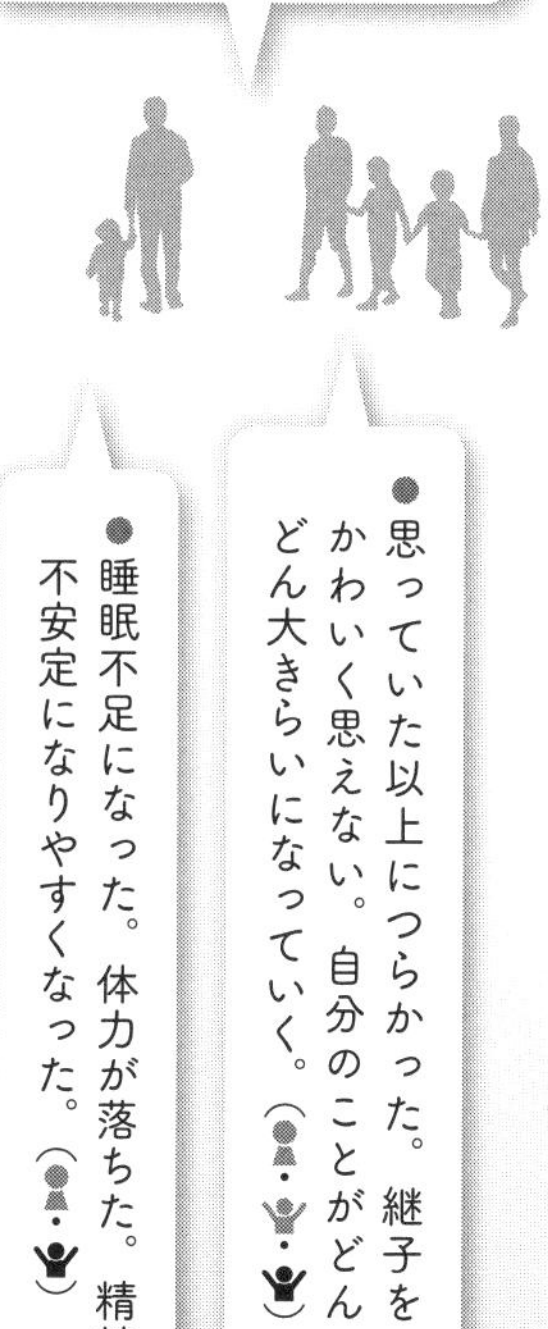

●思っていた以上につらかった。継子をかわいく思えない。自分のことがどんどん大きらいになっていく。

●睡眠不足になった。体力が落ちた。精神的に不安定になりやすくなった。

●セメントベビーが生まれたあと、仕事に復帰したあと、継子ふたりが協力してくれてひじょうにありがたかったし、むしろふたりがいなかったらノイローゼになっていたと思う。

●そんなにつらいことはなかった。娘と再婚相手が仲よくやっているので、娘がうれしそうなのでそれがいちばんです。

●仕事を正社員からパートに変えて子どもと長く接する時間ができた。その反面、家事は増えた。

●再婚した相手が病気もちだと再婚前から聞いていたが、おもな病気からの合併症でつぎつぎに罹患するので少したいへんです。でも、幼かったふたりのわが子を自分のほんとうの子のように育ててくれ、成人させてくれて感謝しています。

●事実婚が長かったのであまり変わりませんが、入籍により、相手に自覚ができたのか、自分も子どもも、より大切にしてもらえてます。とくに困っていることはありません。

●好きな人といっしょにいられる喜びを感じられるようになりました。その反面、シングルマザーのときのような自由さはなくなりました。

●再婚相手と精神的に支えあえるということで安心できる。金銭的な不安もなくなった。つらいことは、再婚というと、子どもの気持ちをないがしろにした、自分のわがままをとおしたなど、ネガティヴな反応の人も多く、なんとなく祝福されない感じがする。また、まわりのママ友や先輩ママ、シングルマザー、職場の人などさまざまなアドバイスや経験談が多く耳に入り、いろいろ聞いているとどうすればいいのか混乱する。何が正しいか答えがわからず、いつも手探りの状態。同じシングルマザーやステップファミリーでも状況が違うので、相談しにくかったり、気持ちを理解してもらえないこともある。

証言

もがきつづけて見えてきた着地点

苦しみながら、家族としてのあり方を継続してきた
ステップファミリーの行く先には、どんな結末があったのか。
問題の解決策はなんだったのか。
あきらめないで続けてきたからこその成果を、
先輩ステップファミリーの体験から知り、
いま悩んでいる人たちのヒントとして生かしてほしいと思います。

14 離縁しても親子、と思える関係を築く

山本幸子さん
［家族歴］14年
［家族構成］夫（50歳）、夫実子（22歳♀）
妻（44歳）
夫婦の実子（12歳♂、10歳♀）

［現在の家族の問題点］
・継子を義母が甘やかしてしまう（とくに金銭面）。
・夫婦仲はいいほうだが、継子のことになると、不思議と喧嘩に発展してしまう。

■両親の猛反対を振り切り、彼の子と養子縁組しての再婚

「継子から養子縁組解消のハンコをもらってから、急に肩の荷が下りてしまい、悩みがなくなりました」と笑顔で語る山本幸子さん。継母歴14年、出会ったときに7歳だった継子が22歳になり、いまは養子縁組解消を考えているとのこと。

14年前、幸子さんは前職場で上司だった男性と結婚を決めました。初婚で、子育ての経験すらありませんでした。

当然ながら、幸子さんのご両親は子連れの男性との結婚に猛反対。結婚式はせず、入籍のみのスタートになりました。

彼との交際中は、デートはいつも子どもがいっしょでした。「子ども好きなお姉さん」として紹介されてすぐに仲よくなり、ベタベタとまとわりつく彼の娘にかわいさを感じながらも、疎ましい感情もあったといいます。そんな交際を続けていた数か月後、幸子さんが住んでいたマンションの隣人と騒音トラブルがありました。話し合いがうまく進まず、引っ越しをしたいと考えていたときに、彼から「ウチに引っ越してきたら?」と誘われて、間借りをするつもりで気らくに同居を決めました。

それから半年の事実婚生活を経て入籍。「私は居候のつもりでした。彼には子どももいるし、ゆっくり慣れていけばいいかなって、入籍は急いでいませんでした。でも彼は再婚を望んでいたし、なによりも娘（継子）が学校でうれしそうに、新しいお母さんが来た、と言いふらしていました」。

入籍と同時に継子との養子縁組をして、幸子さんの継母人生がスタートしました。「この子の母親になるという気負いと相当の覚悟があって、養子縁組もしました」と当時を振り返ります。

■子どもぎらいではなく、継子が苦手だった

はじめての子育ては、わからないことばかり。育児書や子育てのためのハウツー本など、たくさん本を読んで学ぼうとがんばっていたそうです。やさしい理想のお母さんをめざして、幸子さんは学校行事はもちろん、ＰＴＡの役員も率先して引き受けたそうです。

しかし、学校行事に参加するたびに違和感をいだいたのは、参観日でも運動会でも、継娘をすぐに見つけられないことでした。やっと見つけても、かわいいとか愛しいとかいった特別な感情が湧かず、成長に感動したりもできず、自分は母親失格なのではないかと悩み、苦しみました。学校行事がつらいと実感したといいます。このころ幸子さんには実子がいなかったので、単純に「私は子どもぎらいなんだ」と自己分析していたといいます。

再婚から5年後、セメントベビー（実子）が生まれます。実子のかわいさを感じたときに、子どもぎらいなのではなく、継子だから苦手だったのだと、その違いを実感したといいます。その後、さらにふたり目のセメントベビーが生まれ、幸子さんは継子をふくめ３人の子どものお母さんになりました。

継母生活14年は心の葛藤が続きました。とくに実子が生まれてからは、継子を孤立させないようにという配慮があり、継子の意見を優先しました。継子が継親子関係を隠したがったので、尊重してまわりに話を合わせたり、実の母親のようにふるまったりするのがたいへんだったといいます。

■大人になった継娘の告白で解かれた誤解

これまでの苦労を回想するときりがないものの、継子が成人を過ぎたいまだからこそ、大人として話ができるようになり、はじめて理解できたことがいくつかあるといいます。「最近になって、継娘がやっと本音を話してくれました」と幸子さん。

継娘はセメントベビーが生まれて、幸子さんがその

子にかかりっきりになった寂しさから、だんだん反抗的になっていきました。お金を盗んだり、親に内緒で彼氏と泊まりにいったり、困らせることばかりでした。幸子さんは、そうした反抗的な態度はすべて自分に向けられたものだと思っていました。しかし、継娘と話をして、誤解があったことに気づかされたといいます。

「両親が離婚して、私が家に来たことはほんとうに心からうれしかったらしいです。たしかに思春期は私がうざくて反抗したこともあったけど、最近は恋愛相談にのってくれるのがうれしくて、私のことはきらいじゃないし、むしろ頼りにしている……とまで話してくれました」

でも妹や弟のこともあり、いっしょに暮らしていると、素直に甘えられないジレンマに苦しんだとのこと。また、きょうだいができたのはうれしかったけれど、同時に自分はいらない存在じゃないかと思うようになり、家に帰ることが耐えがたくて、毎日遊ぶことだけ考えて好き放題やったことを反省している……とも、継娘の口から聞いたそうです。

さらには、幼少のころに両親が離婚した理由を、彼女は父親が浮気していたからだと思いこんでいたそうです。小さなときに目にした父親と幸子さんのツーショット写真から、浮気相手が幸子さんだったと信じこんでいた、と。浮気をして実の母親を不幸にした父親が許せなかったとの継娘の言葉に、彼女の反発は父親に向いたものだったと幸子さんは知りました。

■出されないままの離縁届

親に反発して、20歳のときに一方的に家出した継子。当時、幸子さんはその反抗の矛先は継母である自分に向いていると思っていたので、養子縁組解消を申し出て、離縁届を書いたといいます。「私はずっと、継母だからきらわれていると思っていました。あの子に振り回されながらも、いっしょうけんめい愛する努力をしてきたので、悲しい気持ちでした。でもそうじゃないとわかったいまは、継娘が求めるなら、これからも母親の役目はしようと思っています。やはり家族の一員であることには変わりないですし」と幸子さんは言います。

継子は現在、大学を留年してしまって、アルバイトと仕送りでひとり暮らしをしているとのことです。まだまだ甘いことが多くストレスもあるけれど、そんな話をしてからは、継母の呪いが解けたように、気らくになったといいます。

養子縁組の離縁届はまだ提出されていません。継子の家出にイライラしていたときに、最後の印籠のつもりで書いて、継子にも書いてもらった離縁届。いまはそんなことはどうでもいいくらいに、さまざまなストレスから解放されているのでしょう。

「彼女が無事に社会人になれたら出そうかな……。でも、離縁しても、彼女が求めるあいだはちゃんと母親としての役割は果たすつもりです」と語る幸子さんに、継母としての苦労の素敵なゴールを垣間見たような気がしました。

15 夫婦の絆さえしっかりしていれば、ブレない

金子弘美さん

［家族歴］8年

［家族構成］夫（36歳）、夫実子（15歳♀、14歳♂）
妻（36歳）、妻実子（16歳♂）

［現在の家族の問題点］

- 義母と仲よくできない。
- 世間から孤立している気がする。
- 継子の話で夫と喧嘩になる。
- 継子が親の言うことを聞かない。

■わが子への愛情が、継子育てへの自信に飛躍して

「子どもたち（実子と継子）は3人とも年子で、苦労の多い8年間でした」と話すのは、金子弘美さん。やさしい感じの物腰やわらかな女性です。

弘美さんは8年間の未婚シングルマザー生活を経て、ふたりの子持ちのシングルファーザーと再婚。いっきに3人の子どもを育てる母になりました。しかも継子が6歳と7歳、実子が8歳と、学年違いの年子

でした。

弘美さんと夫との出会いのきっかけは、子どもの保育園でした。出会った当初は結婚していた夫は、妻の不倫で離婚することになり、実家の協力を得ながら、シングルファーザー生活をスタートしました。弘美さんは園児の親どうしとして、しだいに彼と親しくなり、おつきあいすることになりました。

2年間の交際中は、おたがいに子どもを連れてのデートばかりだったそうです。「私は毎回子どもをおいてデートにいきたいという思いはありませんでした。わが子がかわいくて、いつもそばにいてあげたかったので……」。弘美さんはわが子を産んだとき、そのかわいさに、それまで自分は子どもがきらいなんだと思っていたことがまちがいだったと実感したといいます。それだけわが子をいとおしく育ててきました。

彼との再婚を決めたときに友人から、「他人の子どもを育てるのは難しいよ」とアドバイスされましたが、わが子がこんなにかわいいのだから、彼の子どもたちも育てられるという自信があったといいます。

■子どもたちと向きあえない夫にたまるストレス

「じっさいに最初の3年間くらいは無我夢中で、彼のふたりの子どもにも実子と同じ愛情をもって接していました。でも、継子たちには大きな問題がありました」と、弘美さんは過去を振り返ります。

年齢が近いだけに、わが子と継子をくらべて気になることがたくさんありました。やさしくておとなしいわが子にくらべて、継子ふたりは元気すぎるくらい元気で、それを乱暴に感じたり、不潔に感じることも多かったといいます。継子たちは靴や服がすぐに破れたり、汚れたり、長持ちしない子どもたちでした。おまけに下の継子はやんちゃすぎて、お友だちに手を出し、喧嘩ばかり。授業もまともに受けられず、問題を起こし、学校から頻繁に電話がありました。そのたびに「深呼吸して、いやなことは暴力ではなく、口に出して伝えよう」と教えてきましたが、なかなか改善されることがありませんでした。上の継子は努力をしない子で、だらしがなく、家や友だちのお金やものを盗み、万引きがやめられず、弘美さんを苦しめました。

継子たちが何かしでかしても「子どもだからしょう

がないよ」ですませてしまう夫とのしつけ感覚の違いにも、ストレスがたまることが多かったといいます。

「私は彼のためにも子どもたちによくなってほしくて、必死にがんばっていました。でも実親である夫がそんな感じだったので、何も改善しないまま、いまに至ります」と弘美さん。

「わが家の継子たちの問題は、もちろん再婚によるものもあると思いますが、離婚や以前の家庭による問題が大きいのではないかと思っています。友だちのものを盗んだり、友だちにケガをさせたり、友だちの教科書を破ったりしても怒らない父親なんです。子どもが努力してることも、何をしてるかも、ちゃんと見ていない父親です。夫は無責任で自覚のない親だ」と、弘子さんは夫に対して辛口です。

妻が男をつくって家を出て、離婚。ある日突然、お母さんがいなくなったことについて、ちゃんと子どもたちに話して聞かせることもなかったといいます。弘美さんは、わが子に実の父親の話をちゃんと伝えています。子どものためにそうあるべきだとも考えています。

■それでも離婚したくないし、みんなで暮らしたい

現在、3人の子どもたちは小学校生活を終えて、思春期に突入しました
万引きを続ける継子姉に、実親である夫はお手上げ状態です。弘美さんも何度も継子姉に話をしたり、万引きしたお店に継子と夫と謝りにいったり、試行錯誤していますが、改善されることはありませんでした。

夫に継子へのしつけについて指摘をすると、喧嘩になったり、感情的に離婚すると言いだしたりする状況だといいます。

1年前から、継子姉は義母の家で暮らしはじめました。娘の万引きに解決策もなく、厚生施設に入れようかとか、元妻に育ててもらおうかなどと考えた挙句の結論だそうです。

「いまはあの子が義母のところで暮らしているので、私はかなりらくになりました。義母のもとではきっと甘やかされて、足りない何かを満たしてもらっているんじゃないかなとは思いますが、それがいいのかは、よくわかりません」と弘美さんは言います。

ここまでの話し合いで、夫は少しずつだけれど変

わってきているそうです。弘美さんは、できるだけ夫婦の会話を増やすように努力して、寝るまえのほんの数分でもいいからきちんと話をしようと、夫に投げかけをしてきました。ゲーム好きで会話もそっちのけでゲームをする夫に、話をする時間をつくろうと根気よく言いつづけ、少しずつ彼も向きあってくれるようになっているとのことです。

取材前のメールでのやりとりでは離婚話が出ていると聞いていたので、つらい状況のなかの取材になるのかなと心配していました。でも、こうして話を聞いて、ステップファミリーを継続するための弘子さんの努力と、がんばっている現在を知りました。

「子連れ再婚だから問題が多くあるのはあたりまえだと思って、がんばってきました。わが子のためにもがんばろうと思っています」という弘美さんに、「じゃ、お子さんが大きくなったら、離婚したいですか?」と聞いてみました。

「したくないです。夫は自分にも他人にも甘いけれどやさしいし、喧嘩をするとすぐに離婚するとは言いますが、本心ではないと思います。最近は落ち着いて話もできるようになっているし。継子姉とも、好きで別居してるわけではありません。ただ穏やかにみんなで暮らしたいです」とのお返事。

どんな問題があっても、夫婦の絆がしっかり保たれていれば、ステップファミリーは続けられる。そう感じさせてくれるお話でした。

16 家族のあり方に「ふつう」を求めない

小林みきさん

〔家族歴〕14年

〔家族構成〕夫(50歳)、夫実子(18歳♂)
妻(44歳)、妻実子(18歳♀)
夫婦の実子(12歳♂、10歳♀)

〔現在の家族の問題点〕

・自分の努力で荒波を乗り越えました。現在は何の問題もありません。

■思わず出た「演技でいいなら愛してやるわ!」

小林みきさんに取材をさせてもらうのは2度目になります。前回は5年前、『継母の掟』という電子書籍を書くためにお話をうかがっています。みきさんと私との出会いは、ステップファミリーのシンポジウムを通じてでした。当事者として登壇していた彼女は、継子に母乳をせがまれ、悩んだけれど、しかたなく飲ませた経験談を語りました。当時の私には衝撃的で、そのエピソードについて取材させてもらうことにしたのでした。今回は、みきさんのご家庭の背景をすべてお聞きするために、再度、取材をお願いしました。

みきさんと夫との出会いの場は子どもの保育園でした。同じクラスにいる父子家庭のお父さん。子どもを保育園に預ける時間や通勤方向が同じで、おしゃべりしながらいっしょに通勤することがあり、ふたりはじょじょに親しくなりました。

「子どもが小学生になったら保育園のように長い時間は預かってもらえないし、おたがいに不安をもっていましたね。利害が一致したというか、子どもが小学生になるまえに再婚したいねという話になり、再婚することになりました」と、再婚に至るきっかけを教えてくれました。

みきさんは再婚当初からステップファミリーを支援する団体のスタッフになって、ステップファミリーについて学んでいたので、継子を実親のように愛するのは無理だということを知っていました。また、夫にもわが子の実の父親のように接してほしいとは思わなかったといいます。

しかし、夫は違っていました。離婚した妻が、ほかに男をつくって子どもをおいて出ていってしまったため、わが子に対する罪悪感と不憫に思う気持ちが強く、みきさんに、わが子のほんとうのお母さんになりかわってほしいと強く求めていました。

再婚当初から、その価値観の違いについて議論になることがたびたびあったといいます。いくらみきさんが当事者グループで学んだステップファミリーのあり方や継親としての気持ちを伝えたところで、夫はまったくわかってくれませんでした。みきさんの継子に対する態度が冷たいと責めるばかりです。

「あるとき、いつものようにこのやりとりで喧嘩をして、私も売り言葉に買い言葉で、継子を実の親のように愛するのは無理だけど、演技でいいならやってやるわ！　と言ってしまったことがありました」。みきさんは当時を振り返ります。

■7歳の継子に母乳を与える

再婚から3年目にセメントベビーが生まれました。継子への嫌悪感はこのころがピークだったといいます。継子は愛情に飢えていて、みきさんに対する試し行動が多く見られました。みきさんの友だちが遊びにきて、継子と遊んでくれたときに、「こんなに楽しい思いは生まれてはじめてした！」と友人の同情をひき、それを聞いた友人はみきさんに「なんてかわいそうな子なの。私が引きとりたいくらい」と言われたそうです。

周囲に聞いてくれる大人がいるときの継子の「自分はかわいそうな子」アピールが強く、みきさんを困らせました。継子から話を聞いたベビーシッターさんがみきさんに、「子どもには無償の愛を与えて育ててあげてください」とアドバイスしてきたこともあったそうです。なんていう子なんだろうと、みきさんの継子に対する嫌悪感が募りました。

そして、赤ちゃん（セメントベビー）が生まれると、継子が赤ちゃん返りをしました。当時7歳の継子に母乳を何度かせがまれて、演技でも愛さなくてはいけないと思っていたみきさんは継子に母乳を与えました。このお話は前回の取材でもお聞きしましたが、かなり衝撃的で、ありえない努力だと感じました。

当時はだいぶ無理をして悩みながら、児童相談所にも相談にいかれたそうです。「お母さんのできる範囲で、無理をしないこと」とアドバイスされて救われたという経験を教えてくれました。

■ **夫がいないステップファミリー生活は気らくだった**

ふたり目のセメントベビーが生まれたころに、社宅を出て家を買おうという話になりました。みきさんはシングルマザーに育てられてきて、子どものころは団地暮らしだったので、マイホームを持つことは大きな夢でした。気に入った物件も見つかって、手付金も払い、いよいよ夢が実現するという矢先のできごとでした――。

いつものように、継子に対するみきさんの態度について、夫が不満をぶつけてきました。演技でもやってやると言っていたわりには、いつまでたっても継子を見る目が冷たいという不満でした。そして激しい口喧嘩になり、気がついたら、夫が勝手にマイホームの仮契約を解約してしまっていました。

「なんでも継子が中心で、私の夢だったマイホームまでもとりあげられてしまうんだと思ったら、ほんとうにくやしかったです」と、みきさんは当時を振り返ります。

このとき、みきさんは離婚を決意して、実子とセメントふたりを連れて家出しました。そして離婚前提で、別居生活をスタートしました。

しかし、その1年後、継子もママのところで暮らしたいと言いだしました。父親は残業が多く、継子はひとりとり残される生活が寂しかったようです。みきさんは継子の希望を聞きいれ、夫だけを仲間はずれにしたステップファミリー生活をあらためてスタートさせました。

「夫がいないステップファミリー生活は気らくだということに気がつきました。夫がいると、いつもあら探しされているようで、窮屈だったんだと思いました。継子に対しても思うように接することができて、ほんとうの親のように感情的に怒ったりすることもできました」

■ **一般論に縛られず、自分たちなりの家族をつくる**

8年におよんだ別居生活も2年前に終えて、現在はまた夫と同居しています。きっかけは、みきさんが体調を崩したこと。ひとりではたいへんだと思い、夫にもどってきてもらうことにしたそうです。「一度は離婚を決意して家出しましたが、継子が慕ってくれ、いっしょに生活することになって、私自身も幼いセメントふたりをふくめ実子3人を女手ひとつで育てていく自信がなかったというのも本音ですね」とみきさん。

現在の生活はというと、継子は18歳になりました。これまで、みきさんが母親としてひとりで育てあげ、それを見てきた夫は、いまはもう何も言えなくなりました。「夫が求めることを継子自身が求めていなかったことに、夫自身は結局気がついていなかったんですね。私は夫がいなくなってから、自分が感じるままに自由に継子の子育てにかかわることができたので、長い別居生活はほんとうによかったと感じています」。

いまでは、継子とみきさんの絆は、実親である夫との絆よりも深いと感じているといいます。「息子はやさしい子で、家のお手伝いも進んでしてくれるし、母の日のプレゼントを欠かさないなど、実の子よりも私思いかもしれません」とみきさんは笑います。

悩みの渦中にいるときに、ステップファミリーの支援団体に所属していたみきさんにはたくさんの先輩たちがいて、さまざまなアドバイスを受けたけれど、ほんとうに悩んでいる最中には素直に聞く余裕すらなかったといいます。「少し落ち着いてくると、聞けるようになります。そういう時期もあるということを、いま悩んでいる人には知ってほしいと思います」。それが、いま悩んでいる人に伝えたいひと言です。

継子を実の親のように愛さなくてはいけないとか、家族はかならずいっしょにいるべきだとか、一般的にいわれる家族論や子育て論を排除して、自分たちなりのオリジナルな家族のつくり方を模索してみることもありなのではないかと、みきさんのご家族のあり方から学ぶことができたような気がしました。

17 家族みんなの思いやりが決め手

田町優子さん
〔家族歴〕13年
〔家族構成〕夫（49歳）、夫実子（22歳♂、20歳♂）
妻（46歳）

〔現在の家族の問題点〕
・とくになし。次男が障害児なので、その悩みはありますが、成長とともにずいぶんと減りました。

■自閉症児を育てる会社の先輩と、彼の離婚後に急接近

田町優子さん。ブログ仲間として知りあった彼女とは長いおつきあいです。今回ひさしぶりにお話しすることになって、年月の経過の早いことに驚きました。

最近の優子さんの近況を教えてください、という私の最初の質問に、「長男（継子）は大学を卒業して、ひとり暮らしをはじめました。夫は単身赴任が終わり、2か月前からいっしょに暮らしています。下の子（継子）は出会ったときには動物みたいだったけど、ずいぶん人間らしくなりました」と笑いながら、答えてくれました。

いつも明るく前向きなブログ記事を書いている優子さんですが、初婚で継母になり、継子のひとりは自閉症児、多くのご苦労があったかと思われます。

優子さんと夫は、優子さんが25歳のときに職場で出会いました。会社のふたつ年上の先輩として出会った彼は、当時は既婚者でした。奥さんと子どももひとり、そして奥さんはふたり目を妊娠中でした。会社の行事に家族で参加することもあったそうです。

「もちろんそのときは、まさかそのおなかの子も私が育てることになるなんて、思ってもいませんでした」と優子さんは笑います。彼は先輩でしたが、友人のような感じで、恋愛相談までしていた仲でした。

その後、彼の妻が子どもふたりをおいて家出、離婚調停がはじまることを知ります。そのころには彼も相談相手として優子さんを頼りにしていました。離婚後にふたりの関係は急接近し、おつきあいがはじまりました。

妻が家出してからすぐに、彼は5歳と7歳の息子を

実家に預けました。優子さんと彼は3年間のおつきあいを経て結婚することになりますが、恋愛中は彼のもとに子どもがいなかったので、独身どうしの恋愛とまったく変わらなかったそうです。

「彼の次男が自閉症だということは聞いていました。私なりにいろいろ調べて、養護学校にボランティアにいってみたりもしました」と優子さんは言います。でも当時は、夫も息子の障害にしっかり向きあわず、いずれ治る病気だと軽く思っていたそうです。

■かわいい孫をとられる義母からの意地悪

結婚を決めた優子さんは、まずお母さんに報告しました。バツイチで子持ちというだけで猛反対されそうだったので、自閉症のことは言いだせなかったといいます。「母からは反対されました。私はいやだわ、お父さんに自分で話をしなさい、と言われて、おそるおそる父に報告しました」と優子さん。ところがお父さんは予想外の反応で、子持ちの男性と結婚して、子どもたちの面倒をみるなんてえらい、とほめてくれたそうです。でも、やはり下の子の障害のことは言えなかったといいます。

結婚生活の最初の2年間は、子どもたちは祖母に預けたままで、週末はみんなで過ごすために実家を訪問していました。「結婚生活でいちばんつらかったことは、子どものことではなく、義母からの意地悪ですね」と優子さんは言います。最初のころは週末に訪問すると、こんな家に嫁いできてくれてありがとうと感謝されつつも、初婚なのに孫たちの面倒を見れるのかしら、という不満が伝わってきたといいます。数か月後には、あなたたちの子どもの面倒をみてあげてるんだからといった態度に変わり、いろいろと嫌味を言われたそうです。

「あのときは体が鉛のように重くなっていて、食事に起きるのも無理なくらい、つらかったです」。ある日のこと、毎週末を夫の実家で過ごすことがストレスになっていた優子さんは、体調を崩して、夫だけで実家に帰ってもらうことにしました。夫は実家に顔を出し、優子さんのために夕飯をもらってくると言って出かけたのですが、夫が持ち帰った夕飯は生米と生魚でした。「姑の意地の悪さに、くやしくて泣きましたね」

と優子さんは当時を振り返ります。

かわいい孫をほかの女に渡したくない気持ちがあって、そんな意地悪をされたのではないか、と優子さんは言います。「上の子が中学生になるまでは、ふたりの生活を楽しんで……というのは体裁で、じつは十分すぎるくらいの養育費を祖母に渡していたので、いい収入源でもあったんじゃないのかな?」とも。

■夫の信頼と子どもたちのやさしさに奮起して

上の継子が中学に入学するタイミングに、約束どおりに継子ふたりを引きとって、家族4人の生活がはじまりました。子どもを育てたことのない優子さんは、最初は不安だらけだったといいます。春休みに引っ越してきた継子たちを退屈させたらいけないと思い、毎日、お菓子づくりを教えたりしました。最初のうちは何を食べさせたらいいのかもわからず、せっかくつくった「かきたまうどん」も玉子がグチャッとした感じが苦手だったらしく、ひと口も食べてくれなかったりなど、下の継子は障害もあって苦手なものはいっさい口にしない子だったので、いろいろ苦労をしたそうです。

優子さんの書くブログはいつも明るくて、継子に関しても「血のつながりがないことを忘れてしまうくらい、ちゃんと愛せています」と書いています。ストレスをかかえてブログにその苦しみを吐き出している継母さんが多いなかでは異例なので、その秘訣を聞いてみました。

子どもたちを引きとったばかりのころにはやはり、家のなかが汚されるのがいやだったり、冷蔵庫を勝手に開けられるのがいやだったりと、継母ストレスはあったといいます。でも、子どもたちは素直に優子さんをお母さんだと認めてくれ、快く受けいれてくれて、それがとてもかわいく感じたといいます。

また、仕事の忙しい夫はほとんど子育てにかかわることはなく、優子さん任せ。それも信頼されていると感じで、がんばる勇気になったといいます。たしかに、中途半端に口出しされるくらいなら、信頼して任されたほうがいいのかもしれません。

家族の生活がはじまってから3年後には、夫が単身赴任することが決まりました。「正直、そのときには迷いましたね。私は家族で引っ越しする気満々でした。障害のある次男の面倒をひとりでみるのは無理だと思ったから」と優子さん。しかし、子どもの学校を変えたくない、自閉症の下の子の生活環境を大きく変えることは彼のためにもよくないと思い、優子さんは子どもたちと3人で残ることを決心します。「夫の赴任が決まったときに長男が、みんなで引っ越ししようよ、そうしないとお母さんがたいへんでしょ？　と言ってくれたことが、決意するきっかけになりました。長男は学校も変わって友だちと離れるのもいやだったはずなのに、私のことをいちばんに思いやってくれたんです。そのやさしさに、私ががんばらないといけないな、と思いました」。

決意して、家も建てました。単身赴任の夫が月に1回程度しかもどってこない生活が6年間続きました。優子さんはこの6年間があったからこそ、継母と継子の絆が強くなったといいます。実親である夫がいないから、自分ががんばらなきゃいけないと思ったそうです。長男は弟の面倒をよくみてくれ、優子さんのお手伝いもよくしてくれました。下の継子は個性的ですが、素直なかわいさを実感できたとのこと。やさしいふたりの息子たちと3人だけの生活は、苦労もあったけれど、振り返ると楽しかったといいます。

「私の努力ではなくて、やっぱり継子たちや夫のおかげだと思います。いやな子どもたちならぜったい愛せないままだったと思いますし、夫はいつも子どもたちより私を優先してくれます。彼が私を大切にしてくれるから、私は子どもたちを大切にしていきたいと思えているのだと思います」。優子さんの言葉を聞きながら、家族がおたがいに思いやって暮らしてきたからこその、いい関係なんだということを感じました。

自由記述欄につづられた声

Qどんな種類のサポート（公共機関やサービスなど）があるといいと思いますか？

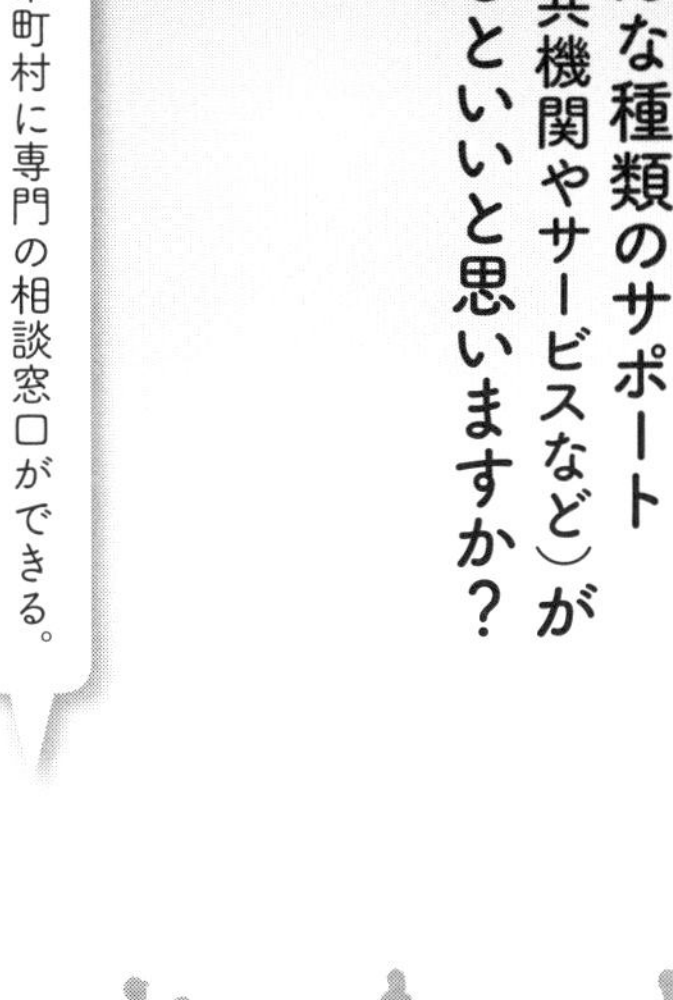

● 市町村に専門の相談窓口ができる。

● 田舎で、公共の相談期間を利用するといろんな人にすぐに知られてしまうので、利用できない。うまく利用できる配慮がほしい。（妻・夫の実子）

● 専門のカウンセラーに相談できる。

● 同じ環境の人たちと話せる場ができる。

● 継親手当がもらえる。

● 子どもにじかにかかわる学校などの教育機関にも、ぜひとも、ステップファミリーについて知識をもち、2分の1成人式や出生についての課題や宿題などで傷つく家庭もあることを知ってもらいたい。（妻・妻の実子・夫の実子）

● 子連れ再婚を学ぶ場ができる。

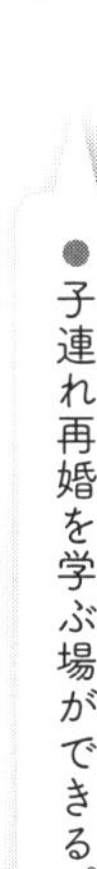

● 子連れ再婚のための冊子が配布される。

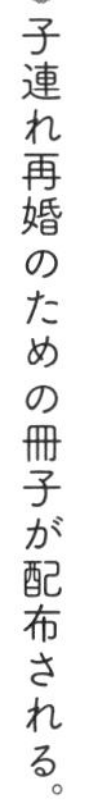

● 子連れ再婚でない家庭の人にも理解してもらえるような情報発信があるといい。

● メディアがとりあげ、子連れ再婚家庭に対する認識が広まる。

回答内のアイコンは、結婚当初の本人と子どもの立場を表しています。（アイコン）＝妻、（アイコン）＝夫、（アイコン）＝妻の実子、（アイコン）＝夫の実子。
（アイコンがないものは、同様の回答が複数あったもの）

ドイツ発

母子家庭×再婚男性のダニエルさん一家の場合

ダニエルさん
〔家族歴〕3年半
〔家族構成〕夫(50歳)
妻(30歳)、妻実子(10歳♀)

本テーマについて執筆するにあたり、NPO法人M-STEPのサポート会員の室田真由見さんにご協力いただきました。室田さんは香港在住の継母さんです。日本語講師をされていて、英語はもちろんのこと、大学でドイツ語を専攻し、現在もドイツ語を学ばれています。言語学習をとおして出会ったドイツ人ステップファーザーに、ドイツのステップファミリー事情についてメールで取材してもらいました。

■シングルマザーと事実婚、元妻ともうまくやれている

「室田さんに教えていただいて、日本のステップファミリーに関する記事を読みました。日本は、継母にはとても生きにくい国だと思いました。でもドイツだって、すべてがうまく機能しているわけではないんですよ」と語ってくれたのは、ドイツのステップファーザーのダニエルさん。ダニエルさんと私との出会いは、オンラインで母国語を教えあう言語学習アプリをとおしてでした。私のプロフィールにステップファミリーであることを記載していたので共通項があり、友だちになって、この本の取材にご協力いただくことになりました。

ダニエルさんはパートナーのリンダさんと、地域のレストランの集まりで出会いました。彼女はシングルマザーで、10歳の娘がいました。「私とリンダとの出会いは、じつは、そのときがはじめてではなかったのです。私は警察官ですが、彼女がティーンエイジのころ、彼女の親が警察の世話になり、そのときに彼女の家を訪問していたのが私でした。彼女は私のことを覚えていたし、私のことが好きだと打ち明けられま

した」と、ダニエルさんはふたりの出会いについて語ります。ダニエルさんはそのとき、アルコール依存症だった彼女にお酒をやめてほしいと伝えました。彼女はそれを聞きいれてダニエルさんとの人生を選び、いっしょに暮らすことになったそうです。

　また、ダニエルさん自身も過去に離婚を経験していたので、シングルマザーの苦労をよく理解していたといいます。ダニエルさんにも、以前の結婚でもうけたひとり息子がいますが、その子は前妻のもとで暮らしていて、14日ごとに、週末にダニエルさんの家で過ごしているとのこと。いまでも前妻とは子どもの親としていい関係を保っていて、うまくやっているそうです。

■継娘から実の父親を奪いたいとは思わない

「私はリンダの娘に対して、自分は実の父親ではないという立場をはっきりさせています。彼女にとって特別な存在でいたいとは思っていますが、彼女から実の父親を奪いたいとも思わないし、その権利を制限しようとも思っていません。私は彼女にとって、父親のような友だちという立場でいたいと思っています」とダニエルさん。リンダさんとは事実婚で、継娘との養子縁組はしていないそうです。

　ダニエルさんとリンダさんのように、ドイツには、結婚せずにパートナーシップを結び、いっしょに暮らすカップルが多くいます。そのようなカップルもステップファミリーです。

　法的な結婚であれば、課税査定基準の等級を変えられ、税金が少なくなりますが、現在、ふたりは結婚していないので、独身者として扱われ、ともに高い所得税を払っています。「もし結婚したら、ふたりで700ユーロ（日本円で約8万円）が浮くことになるんですが……」とダニエルさん。しかし、リンダさんの母親が要介護状態で、リンダさんに十分な収入がないため、現在は政府からの手当てが出ているそうです。結婚したら、それが十分に収入のあるダニエルさんの負担になってしまうことから、まだ結婚する心の準備がないとのこと。

　パートナーのリンダさんは、とても貧しい家庭で育ちました。14歳で独立を強いられ、その数年後に出会った男性と結婚しましたが、おたがいにアルコールに依存する日々でした。夫婦喧嘩が絶えず、夫からの家庭内暴力もありました。

ある晩リンダさんは、夫の暴力から逃れるために、子どもを連れて家を出ました。しかし、夫が追いかけてきて、子どもをリンダさんの腕から奪いとり、彼女はどうしていいかわからず、その場から逃げました。その後の裁判では、彼女が子どもを夫のもとに自分の意志でおいていったと解釈され、リンダさんは親権をとれませんでした。

■**継娘を守るため、青少年局に支援を求める**

リンダさんの元夫は、離婚後もさらに酒を飲みつづけました。40年以上も生きてきて、まともな仕事に就いたこともありません。娘は、父親の飲み仲間のところに連れていかれ、食事は缶詰ばかりを与えられ、蜘蛛がすみつく洗面所は不潔で、歯磨き粉すらない状況で生活させられていたといいます。

「そんな生活が子どもにとっていいわけがありません。私たちは青少年局に助けを求め、家族サポートを利用しました。青少年局は定期的に元夫のもとを訪問して調査し、娘がわれわれのところで育ったほうがよく、父親のもとではきちんと育てられないと認めるようになりました」

そしてついに、ある日、元夫が泥酔状態で学校に現れ、子どもを連れて逃げようとしました。しかし、リンダさんが路上で子どもを奪いかえし、すぐに青少年局に連絡をしました。その事件以来、娘はダニエルさん夫婦のもとで暮らすことになったそうです。もちろん元夫は納得しなかったそうですが、すべて青少年局によって決着がつけられたそうです。このように、ドイツでは、青少年局が子どもの福祉にとって重要な役割を果たします。

ドイツでは面会交流権が確立されているため、その後も、継娘が父親や祖母のもとに行くことは制限されていません。役所が介入し、きちんとルールをとり決めたうえで実施されるので、スムーズにいくようです。

「その後、リンダの元夫には新しい恋人ができたようで、私たちのことは二の次になってしまいました。娘は2年連続で、誕生日もクリスマスも、父親からプレゼントをもらっていません。約束したのに、もらえないのです。想像がつくでしょう？　いま、娘は私をパパと呼んでいます」と、ダニエルさんは言います。

■つねにちらつく元配偶者の影

「日本では、再婚家庭の子どもたちは離れて暮らす実の親との関係を断ち切ることが多いと聞きました。これはドイツではありえません。ドイツでは、親が再婚しても、離れて暮らす親との交流は続きます。そして、子どもが成人して結婚することになった場合、離れて暮らす親も結婚式に出席します。もちろん、親の気持ちからしたら、別れた相手にはもうかかわりたくありません。でも、子どもの権利が優先されます。卒業式、成人式、子どもの誕生日など、さまざまな行事で、離婚した両親がかかわらなくてはならないことがたくさんあるのです」とダニエルさんは言います。

ダニエルさんにとってのこれまでの問題も、いちいち干渉してくるパートナーの元夫との争いでした。ダニエルさんとリンダさんとの喧嘩の原因も、彼女と元夫が頻繁に連絡をとることだったといいます。「日本は単独親権で面会交流も少ないのなら、そういうことは問題にならないのでしょうね」とダニエルさん。

さらに問題になるのは、ダニエルさんとリンダさんの娘は養子縁組をしていないために、継子に対して法的な権利がないことだといいます。「私はいつもパートナーと、彼女の元夫とのあいだに入ってきました。そんなことをしたいわけではないのですが、子どもとパートナーのためにその役割を果たしていました。しかし、元夫が私に、余計なことを言うなとか、この子はおれの子だとか、介入してくるな、などと言ったら、私には何も言えないのです」。

元夫は、ダニエルさんが彼の子どもに食べさせ、服を与え、教育も与え、自分は一銭も払っていないということをすっかり忘れているといいます。

また、ダニエルさんは、子どもの法律上の親ではないので、役所のことにも積極的に関与することはできないそうです。たとえば、青少年局で子どもの実親ふたりが話をするとき、外で待っていなければなりません。いっしょに話し合いをする権利はないのです。

ドイツでは多くの場合、ダニエルさんが言うように、子どもの両親が離婚後も半々で親権をもち（共同親権）、子どもの面会交流があることから、再婚後も元配偶者の影が、新しい家族のなかにつねにちらつくことになります。多くの継親が悩んでいるのは、継子の実親との常識レベルがあわず、理解しあえない、ということのようです。

他方、子ども（継子）の悩みとしては、継親と仲よくしたり、新しい家族で楽しんだりすることは、いっしょに暮らしていない実の親を裏切ることになるのではという忠誠心からの迷いがあるようです。

共同養育、共同親権は、成熟した大人どうしがきちんと理解しあえれば理想的に機能しますが、多くの場合にはそうではなく、それが新しい家族にとってストレス要因になってしまうことのほうが多いのではないでしょうか。そこは日本もドイツも変わらないと感じました。

また、ドイツの青少年局の取り組みは子どもたちにとってとても心強く、日本でも見習うべきところだと感じました。

（インタビュー＝室田真由見）

海外のステップファミリー事情から考える

日本のステップファミリー支援が遅れているというお話をしましたが、海外とくらべてみたいと思います。ダニエルさんへのインタビューをしてくれた室田さんに、ここでも翻訳や取材などの協力をお願いしました。インターネットからのリサーチと当事者の聴き取り調査により、アメリカ、ドイツ、香港のステップファミリー事情について調べてみました。

たとえばステップファミリーの呼び方について見ていくと、アメリカでは「パッチワークファミリー」『ブレンデッドファミリー』(おたがいに連れ子がいる場合)などの呼び方もあります。ただ、一般的には「ステップファミリー」という名前が使われていることが多いようです。

アメリカは継母の呼び方もいろいろで、「ボーナスママ」という名で自分たちを呼んでいる継母さんたちも多いようです。ドイツでは「ヴィツェ(副)ママ」と、あえて外来語である「ママ」を使用することで、ドイツ語の「ムッター(母)」という言葉を避けたい継母さんもいるようです。インタビューでダニエルさんが「継娘から実の父親を奪いたいとは思わない」と話していたように、あくまで自分は子どもの実の親ではない、と主張したい気持ちからでしょう。よくわかる気がします。

■アメリカでの支援が進む背景

今回のリサーチを進めていくなかで、室田さんがおもしろいことを言っていました。日本の大手ネット書店サイトで「継母」を検索してみると、多く出てくるのは、アダルトビデオやアダルト小説だそうです。私の知人男性が「アダルトビデオの『義母シリーズ』が好き」と笑いながら言っていたのを思い出して、吹き出しそうになりました。

一方、同じネット書店でも、アメリカのサイトで検索すると、継母向けの育児本や、ステップファミリーはどうやったらうまくいくか、などのハウツー本が何千冊も出てきます。これだけでも、いかに日本ではこのトピックに関する関心がまだ薄いかがよくわかりますね。

さらにアメリカのステップファミリー支援についてインターネットで調べてみると、Facebookにもサポートグループがたくさんありますし、専門のカウンセラーのサイトもたくさん見つかります。『ステップマム・マガジン』というオンラインマガジンもあり、Facebookでミニアドバイスを、YouTubeでは継母さんのヒントになるようなビデオを配信したりしています。当然ながら、公の機関からのサポートも容易に見つけることができます。

インターネットの情報量をくらべただけでも、日本はアメリカにかなりの遅れをとっていることが感じられます。

アメリカのステップファミリー情報や支援が進んでいる背景には、子どものいる夫婦のうち、40%が子連れ再婚で、結婚するカップルの3分の1がステップファミリーを形成するという状況があるようです(Karney, Garvan, & Thomas, 2003)。成人の42%が継親子関係にある(自分が継親である、または継兄弟・姉妹がいる、または継子である)とのこと(A 2011 report by the Pew Research Center on adults in America)。アメリカの夫婦は平均して7年しか結婚生活が続かない、2組に1組が離婚している、そして、そのうち75%が再婚するという事実があり(2006年国勢調査)、離婚後の再婚が多い、つまりはステップファミリーが多い、ということになります。

日本でも近年はこの傾向に近づきつつありますが、アメリカは20年くらいさきをいっていたようです。

まったく日本とは違う要素として、離婚後の親権のあり方が挙げられます。アメリカでは共同親権が主流であり、離婚した両親の両方が半分ずつの親権をもちます。そして、子どもの両親がともに再婚した場合も、子どもはそのふたつの家庭を行き来することになります。子どもの実母とその再婚相手(継父)、場合によっては、実父とその再婚相手(継母)のふたつのステップファミリーが生まれることになります。

じっさいは、子どもは実母とその再婚相手(継父)のもとで暮らすケースが多いのですが、子どもの親権が両方にあることから、実父とその再婚相手が形成する家族で、週末しか子どもといっしょに過ごさないような場合でも、ステップファミリーであると定義されています。

このように、アメリカではステップファミリーの数も多く、人びとの意識も高いことから、サポートを求める声が多くなり、ステップファミリーにおける子育てへの支援窓口、同じ境遇の仲間との集まりなどが充実してきたのだと思います。

■ドイツの離婚後の子どもの権利

ドイツでは、未成年者の約10%がステップファミリーで生活しています。親がひとり親で、その恋人といっしょに暮らす(事実婚家族の)子どもまでふくめると、20~25%がステップファミリーです(Angelika Ruhle, Wilhelm Faix, *Baustelle Patchworkfamilie*, Hanssler, 2006)。ドイツにおいても、ステップファミリーはめずらしいものではありません。

ドイツでもアメリカ同様、離婚後、子どもに危険が及ぶ、または何か親権に関する違反行為がないかぎりは、父母両方が親権をもつことができます(共同親権)。離婚後、子どもはたいてい母親のもとで生活しますが、通常2週間に1度、いっしょに暮らさない親のもとを訪れ、週末を過ごします。

また、最近では「交替モデル」という交流の形態も好まれています。これは1週間ごとに交替で子どもと暮らす形態です。双方の親が近くに住んでいる場合のみ可能な形態ではありますが。

室田さんに、インターネットで面会交流のサポートについてリサーチしてもらったところ、ドイツには、子どもといっしょに暮らさない父親の面会交流をしやすくするための団体もありました。「Mein Papa Kommt（パパが来る）」という団体は、父親が遠くに住むわが子に会いにいくための手助けをしています。そんな父親たちの金銭的な負担を減らすために、そこに登録しているホストファミリーが住居を2泊まで無料で提供する、というものです。この団体には、カウンセリングサービスもあります。

また、子どもと暮らす親がもつ権利として「Aufenthaltsbestimmungsrecht（居所決定権）」というものがあります。子どもの両親は話し合いによって、離婚後に子どもがどこで暮らすのかを決めることができます。そして、どちらと住むことになっても、いっしょに住まない親も子どもと面会する権利をもち、その権利はちゃんと行使されています。何か問題が起きた場合には家裁に持ち込まれ、判断が下され、今後どうするべきなのかが決定されます。

ドイツにはそれに加え、子ども自身の面会権があります。これは、ほかの権利よりもっと大切にされるものです。日本にも子どもの意見を聞こうという「子ども代理人制度」がありますが、まったく機能していないのが現状で、子どもの意見は尊重されていません。

ダニエルさんの話にもありましたが、青少年局（ドイツ語ではJugendamtで、青少年を管轄する役所）という機関があり、子どもにかかわるさまざまな決定を担うとともに、子どもへの日々の生活支援もおこなっています。希望者は、相談や支援を無料で受けられるほか、青少年局に助けを求めれば、あらゆる問題について、ともに解決方法を探してもらうことができます。

青少年局はつねに子どもの利益を第一に考えており、親がどう考えているのかは重要ではありません。子どもは12歳になったら、将来どちらの親のもとで暮らすのかを自分で決めることもできます。

■ドイツにおける養子縁組

ドイツにも、さまざまなサポートグループと当事者による支援活動があります。ネットサーフィンしているうちに、ズザンネ・ペーターマンというジャーナリストのブログに出会いました。彼女は自身がステップマザーであり、ブログや著書、テレビ出演により、継母やステップファミリーの問題点を明らかにし、認知度を上げる活動をおこなっています。ズザンネさんと何度かのメールのやりとりを重ね、日本とドイツの養子縁組の違いについて、お聞きすることができました。

ドイツの養子縁組には、いくつかの条件があるそうです。

- 子どもとその継親は1年以上の同居期間があること(ちゃんと親子の関係を築いていること)
- 14歳以下の子どもを養子縁組する場合は法定代理人があいだに入ること。また、公証人の認証を受けること
- 実親の同意、そして公証人の認証を受けること(いったんサインしたら取り消し不可。その後、サインした実親との親子関係は切れることになる)

紙きれ1枚提出すれば養子縁組できる日本の養子縁組制度とは違い、しっかりと継親子の絆を確認してからじゃないと養子縁組できないしくみは、日本でも見習うべきなのではないかと思いました。

■ドイツにおける養育費

養育費の額は収入によって違います。その算出のために使われる表は「デュッセルドルフ表」と呼ばれています。デュッセルドルフ表に従うと、子どもの年齢が上がるにつれて養育費も上がっていきます。しかし、子どもが18歳になったら、状況は変わります。子どもは成人とみなされ、自分で仕事をすることが可能だと考えられるためです。もし、子どもに収入がない、またはまだ学生である場合は、両方の親が折半して養育費を払いつづける義務があります。

親は子どもの養育費をかならず払うことを保証しなければなりませんが、自分の生活費は保障されています。900ユーロは自分の収入からとっておいていいことになっています。たとえば収入が1100ユーロで、払わなければならない養育費が300ユーロである場合、自分のために900ユーロは確保し、200ユーロだけ払えばいいということになります。

養育費の支払いが足りなかったり、まったく支払われなかったりする場合は、同居親が青少年局に相談し申請をすれば、子どもが12歳になるまでは国から養育費をもらうことができます。

また、ドイツでは基本的に、両方の親が国から児童手当をもらう権利があります。児童手当は二等分され、両方が半分ずつ受けとります。1人目と2人目の子どもは月額192ユーロ(約2万円)もらえます。3人目以降は額が上がります(3人目は196ユーロ、4人目は221ユーロ)。年間給与所得証明書にはたいてい「児童手当0・5」と書かれますが、全額ひとりの親が受けとっている場合には1・0と書かれます。離別親側の金銭サポートをしているところや、2人目、3人目の子どもの手当てが多く保障されているところも日本とは違うところです。日本でも養育費をしっかり払っている親(離別親側)から、税金などの免除を求める要望がよく聞かれますが、まさしくドイツではそれをカバーするしくみになっているのではないでしょうか。国の支援制度があるところも日本とは大きく違うところです。

支払い能力があるにもかかわらず、養育費の支払いを怠った場合は、犯罪行為とみなされます。警察に突き出され、罰金を払うことになります。または、拘留の可能性もあります。さらに裁判所で民事手続きがとられ、未払いの養育費を払わされることになります。ないところからはとれない主義の日本にくらべ、ドイツの養育費の支払い義務はこのように厳しいものです。

同居親が養育費を受けている子どもを連れて再婚することになった場合は、別居親はもう養育費を払う必要がなくなります。そのためドイツでは、いっしょに暮らしているのに結婚していないカップルがたくさんいます。結婚さえしていなければ、養育費をもらいつづけることができるからです。このあたりは日本の事情と近いと思いましたが、日本の場合にはまだまだ当事者の意識が低いことから、安易に入籍や養子縁組を考え、養育費を減額されたり、なしにされてとまどう人も多いような気がします。

■香港のステップファミリー状況

つぎに、室田さんの暮らす香港のステップファミリー状況について調べてもらいました。

香港は1997年まではイギリスの植民地で、現在は中国の特別行政区となっています。教育、法律などの面で、イギリス植民地時代の影響がまだ色濃く残っていますが、人口の90%以上は中国系です。香港でも日本と同様に核家族化が進んでいて、世帯平均人数は2・9人です。結婚しても、まだ親と同居、または近くに住んでいるケースも多いそうです。

日本との大きな違いは、多くの家庭にはドメスティックヘルパーと呼ばれる外国人（おもにフィリピン、インドネシアから）のお手伝いさんがいることです。一般的に家賃が高く、子どもの教育費もかかるので、共働きの夫婦が多く、家事や子どもの世話は祖父母かお手伝いさんに任せているという家庭が多く見られます。

じつは、香港のステップファミリー状況を調べようとしたのですが、なかなかデータ、情報が見つかりませんでした。

少し古いステップファミリー研究の論文(Gladys Lan Tak Lam-Chan, *Parenting in Stepfamilies: Social attitudes, Parenting Perceptions and Parenting Behaviors in Hong Kongk*, Ashgate Publishing, 1999)を見つけました。

いまから17年前のこの論文によると、再婚する女性に対しては差別偏見がひどく、新しい家庭のなかでひじょうにつらい思いをしているとありました。子連れで再婚する女性は、周囲から「中古品」とか「履き古された靴」などと呼ばれていたようです。また、子どもがいないのに子連れの男性と再婚する女性は、まわりから「離婚歴のある男と結婚するなんてバカだ」といわれていました。連れ子も恥ずべき存在としてみなされ、「油瓶仔(油の付着したボトル)」と呼ばれていました。洗おうとしてもとれないくらいの汚れがついている、という意味で、次の世代までその汚れが残るという意味だったようです。ステップファミリーにとってほんとうに暮らしにくい国だったのだということを感じました。

しかし、この論文が書かれてから現在までに、離婚、再婚が増加しています。現在でもこのような差別的な考えが残っているのでしょうか。この疑問を解くために、室田さんにお願いして、香港大学でステップファミリーの研究をされている戴幼兒先生にインタビューにいってもらいました。

戴幼兒先生のお話によると、現在は結婚の3分の1が再婚という時代になっていて、ステップファミリーに対するマイナスのイメージもかなり払拭されているとのことでした。

日本と同様にひとり親家庭が増えていて、ひとり親家庭に対するさまざまなサポートは国やNGOなどのサポートグループがおこなっているようですが、ステップファミリーに関しては、なんら問題がないのではないかという認識で、国の調査もないそうです。このあたりは日本と同じだと思いました。

離婚後の親権については、まだ単独親権のほうが多いものの、近年、共同親権を推進する傾向が強くなってきているそうです。

離婚後の面会交流は積極的におこなわれていて、平日は片方の親（養育親）のもとで過ごし、週末はもう片方の親（離別親）のもとへ行く、という面会のスタイルが多くとられているようです。

再婚時に継親子が養子縁組をする家族はあまりないとのこと。それはドイツと同じく、再婚後も実の親ふたりが第一に、わが子の責任をしっかりと担っていくという考えにあるのだと思いました。

「香港にも継母さんはたくさんいるのだけれど、家にお手伝いさんや祖父母がいて子育てをひとりでやらなくてもいいからか、ストレスがあるとの話をあまり聞かないんですよね」と室田さんは言います。たしかに、継子の子育てを継母の責任として押しつけられて、孤独に苦しむ日本の事情とはそのあたりが大きく違うのだと感じました。

こうして聞くと、香港はむかしにくらべて、差別や偏見はなくなってきているようですが、ステップファミリーについての認識は日本同様に低いのだと感じました。

■日本はステップファミリー後進国

こうして、海外のステップファミリーと日本のステップファミリーをくらべてみると、大きな違いは、離婚後の親権のあり方や、養育費、養子縁組の考え方だと思いました。

また、ドイツやアメリカのように子どもの立場を尊重して考え、養育費や面会交流権を国が守ってくれる制度は、日本も見習うべき点が多いのではないでしょうか。

日本でも離婚時の子どもの意見を尊重しようという動きとして、「子どもの手続代理人制度」があります。子どもの手続代理人は、裁判所や両親から独立した立場で、子どもの現状に配慮しながら、将来に向けた監護計画の策定や手続きの進行にさいし、子の立場から提言をすることができるとされています。しかし現状は、手続代理人をだれにするのか、かかる費用をだれが負担するのかなどがあやふやなため、まったく機能していません。よって離婚の養育費の支払い率も2割以下と低く、面会交流も実施率は低く、子どもの権利が守られていません。

ステップファミリーのなかにあるストレスや悩みは世界的に共通しているものがあると思いますが、国が調査を実施し、支援制度を設けることで解決されていることもあり、先進国と後進国ではその格差があると思います。日本は後進国です。

私は研究者ではありませんので、単純にいいものを見習うべきだとしか言えませんが、日本でも研究者による調査研究が進み、諸外国のいい事例を、日本の文化や習慣にあわせて制度化して、必要な支援を考えていくことが求められていると思います。

これからの日本のステップファミリー支援に願うこと

■国による子連れ再婚家庭の実態調査

本書の冒頭にも書きましたが、20年前のひとり親家庭が暮らしにくい社会にいたように、いままさにステップファミリーは、暮らしにくい社会にいます。

20年を経て、ひとり親家庭が増え、ひとり親家庭をとり巻くさまざまな事件、事故などが社会的な問題になりました。そして国は支援の必要性を感じ、調査をおこない、さまざまな支援策を模索しています。

では、ステップファミリーはどうでしょうか？　アンケートでも「いろいろ聞かれるのが面倒だからカミングアウトしない」と多くの人が答えているように、当事者は、孤独に悩みをかかえがちです。悩みを打ち明けようにも専門の相談窓口がないことから、だれに、どこに相談したらいいのかわからずに、夫や友人、知人が相談相手になることが多いようですが、その苦しみは理解されず、解決策も得られずに、がまんを強いられています。

だからこそ、私は国による実態調査の必要性を訴えたいと思っています。

私たちの調査をきっかけとして、人口動態調査によって子連れ再婚家庭数をきちんと把握する。それから5年に1回おこなわれる「全国母子世帯等実態調査」のなかに、ひとり親家庭の恋愛や再婚についての質問項目を追加することを検討してほしいと強く願っています。ひとり親家庭の再婚に関する意識調査、予備軍であるひとり親家庭がステップファミリーに対してどのていどの認識をもっているか、また再婚経験を経て、バツ2、バツ3でひとり親になったケースの数、その原因や理由などです。まずはそのあたりから調査することによって、いま必要とされる支援がみえてくると思います。

ただし、ステップファミリーはひとり親家庭のみの問題ではありません、独身男女がステップファミリーを選ぶケースもありますので、さきざきはステップファミリー独自のそれぞれの立場への調査が必要となると思います。

■専門相談窓口の設置と専門相談員の育成

実態調査でステップファミリーのかかえている問題を把握したら、つぎのステップとして、ステップファミリーの専門の相談窓口を設置し、専門相談員の育成をしてほしいと思います。

本書の調査結果からも読みとれるように、現状では、悩みをかかえた当事者には問題にくわしい相談相手がおらず、相談相手といえば、パートナーや友人、知人です。それはそれで悩みを吐き出す先として必要ではありますが、解決方法にたどり着くことができません。ステップファミリーのかかえる問題を理解し、その解決方法を指南できる専門のカウンセラーが増えることが望まれます。とくに継子を育てる子育てについては、実子の場合とは違い、母性愛の強制をしない、ステップマザー向けの子育ての相談対応が求められますので、対応にあたる専門家の教育が必要です。

■当事者の勉強会と交流会の開催

悩んでいる当事者は孤独に悩みをかかえやすく、一部の継母さんがブログに子育てのストレスを吐き出したりしてはいますが、心ない外野から匿名の掲示板などでたたかれることを恐れて、クローズドになっているものばかりです。そのため、お友だち申請をしないとブログの内容は読めないので、勇気をもってつながれない人にとっては情報とはなりません。

私のまわりにも、オープンに継母の悩みやストレスをつづっていたところ、2チャンネルに「意地悪な継母」としてスレッドを立てられて、ブログのリンクを貼られてしまい、傷ついてブログをやめてしまった方が、ここ数年で数人いました。継子の愚痴を書けば意地悪な継母のレッテルを貼られ、理解のない他人からたたかれるだけ。つらいと言えず孤独になりがちなので、当事者の交流がもてる場所が必要です。新しい家族観に閉鎖的な地方には、とくにその必要性を強く感じます。

ステップファミリーはもちろんですが、問題はひとり親家庭の恋愛時期からスタートしているので、ステップファミリー予備軍ともいわれるひとり親も対象に情報提供をすべきだと思います。

現在は地方自治体などで、ひとり親家庭向けのさまざまなセミナーや交流会が企画されています。その延長線上でいいので、ひとり親家庭の恋愛と再婚をテーマにした学習会や、当事者交流会が開催されるといいなと思います。

また、男性はとくに家庭の問題を吐き出しにくく、ひとりで問題をかかえがちなので、男性向けに何かしらの情報提供が必要と思われます。

私はアメーバブログで「子連れ再婚を考えたときに読むブログ」を書いていますが、1日に寄せられるアクセスの検索ワードの1位がつねに「シングルファーザー再婚」です。シングルファーザーの再婚の情報の必要性はそこからも感じています。

■再婚家庭の子どもの支援

ひとり親家庭支援でも言えることですが、離婚、再婚家庭の子どもたちは無力で、親の決めたことに黙って従わなくてはならず、つらい立場にあります。だからといって、まわりが「子どもがかわいそう」という意見を強く打ち出すと、わかってはいても親側は自分を否定されている気分になり、素直に聞けずに拒否反応があります。

今回、じつは親のアンケートと同時に再婚家庭の子どものアンケートも実施しました。ところが、集まったアンケートは10サンプルにも満たずに、断念しました。

その背景には、アンケートに協力的だった大人も、わが子にはステップファミリーについて聞いてほしくないとか、継子となるとなおさら聞いてほしくないという思いがありました。

そう考えると、子どもたちの本音を聞き出すのは、いまのステップファミリーの状況からするとひじょうに難しく、それは子どもたちが悩みをかかえていても、どこにも吐き出す場がないということを意味しています。

10年くらいまえに、私が高校の先生の研修会でひとり親家庭の支援について講義させていただいたおりに、参加された先生が言いました。「ひとり親もたいへんですが、最近は再婚も増えてきていて、再婚家庭のお子さんが荒れているのを見て、どう声かけしていいかわからない」と。その当時からくらべたら、さらに再婚家庭は増えていて、再婚家庭で育つ子どもたちはまちがいなくなんらかのストレスをかかえています。

家庭以外でいちばん子どもたちに近いかかわりのある教育現場の先生方がこの問題を理解して、子どもたちの心のケアに努められるのが理想的かと思いますが、現状は個人情報保護などの面から、家庭の事情をつかみにくいという難点もあるようです。

■ステップファミリーへの社会の認識の変化

ステップファミリーが堂々とカミングアウトできない背景には、社会の無理解があります。当事者がカミングアウトしないのでその苦労が伝わらないということでもありますが、なんとか改善しなければならないと思います。

最近は芸能人の再婚話に便乗して、ステップファミリーがテーマとしてとりあげられることも多くなりました。

当事者だけではなく、社会的にステップファミリーという家族形態を理解できるような啓発活動が、何かしら必要だと思います。

アメリカには、ステップファミリーデイ（9月16日）という記念日があります。ステップファミリーであるということを誇りに思い、家族になってくれたことにそれぞれが感謝してお祝いをしようという日で、家族でピクニックをしたりして過ごします。そうした記念日があることで、社会的にもステップファミリーが認知されています。

日本でもステップファミリーデイを祝いたいと思い、私たちM−STEPでは、法人の設立日である3月30日を日本のステップファミリーデイとしてアピールしています。毎年3月30日には、ステップファミリーデイ記念イベントを開催し、当事者の生の声をお届けするためのシンポジウムをここ3年間、継続しておこなっています。日本のステップファミリーデイが周知され、ステップファミリーが堂々とカミングアウトできて、生きやすくなる社会をめざしています。

〈支援につながるウェブサイト〉

日本ではまだまだステップファミリーに関する情報が少なく、インターネット上にも相談窓口や支援する団体、情報サイトなどがほどんど見当たりません。こちらに紹介するのは、そんな少ない情報のなかでも信頼のおけるサイトを厳選したものです。

当事者の方はご自身の問題としてご参考に、支援者の方は支援の方向性を学ぶために、また、悩んでいる人びとに情報としてお伝えいただくなど、お役立てください。

会員になって活動に参加する

NPO 法人 M－STEP
http://m-step.org

私が理事長を務める特定非営利活動法人。長年のひとり親家庭支援の実績を生かし、カウンセリング、グループワーク、イベントなどをとおして、ひとり親家庭への再婚支援と子連れ再婚家庭支援をおこなっています。

A－STEP
http://astep3.org/

足立区を中心に、ひとり親、ステップファミリー、中途養育家庭、外国籍、LGBT、発達しょうがいにかかわる家庭など、社会とつながりにくかったさまざまな形態の家族が共存できる地域づくりをめざした活動をしています。

ステップファミリー・アソシエーション・オブ・ジャパン（SAJ）
http://www.saj-stepfamily.org/

日本のステップファミリーをサポートする非営利団体で、15年以上の活動の実績があります。専門家と連携し、支援プログラムの開発と提供、自助グループの運営、相談事業、家族にかかわる支援者への研修などおこなっています。

相談する

新川てるえのカウンセリングオフィス
http://m-step.org/counseling/index.html

私のカウンセリングオフィスです。子連れ再婚に特化した数少ない相談窓口です。千葉県柏市にある相談室ですが、遠方の場合は電話相談をおこなっていますので、どちらにお住まいの方でも相談可能です。

ここほっと

http://c-cocohot.jp/counselor/

エムステップのサポート会員でもあり、鹿児島でステップファミリー支援を立ち上げ、相談対応している小園公子さんのカウンセリングオフィス。本人も継母当事者で、その経験を生かして活動しています。

池内ひろ美オフィシャルサイト

http://ikeuchi.com/page-21

家庭問題評論家としてマスコミなどでご活躍中の池内ひろ美さんの相談室。家族の問題全般に対応してくれています。いま、自分の悩みを解決するために何が必要なのか、どこから整理したらいいのかわからないときのアドバイザーとして心強い相談先です。

ステップファミリーについて読む

子連れ再婚を考えたときに読むブログ

http://ameblo.jp/terueshinkawa/

私が過去に経験した子連れ再婚家庭に起きたさまざまな問題を、赤裸々にブログ記事にしています。２００７年からスタート、現在はＭ－ＳＴＥＰの活動報告をしています。

HOP STEP FAMILY DIARY

http://ameblo.jp/yukinko-ruru/

２００３年7月にバツ1で子連れの男性と再婚、初婚でいきなりふたりの男の子の継母になったゆきんこるるさんの奮闘記。人気ブログです。

我が家もステップファミリー～子連れＤＥ再婚～

http://ameblo.jp/happy-stepfamily/

お子さんを3人連れてシングルマザーから再婚されたＭＥさんのブログ。ステップファミリーが幸せな家族になるためのエッセンスを２０１４年から長く更新されていて、参考になります。

仲間に出会いたい

mixi 明るく楽しくステップファミリー

http://mixi.jp/view_community.pl?id=1106466

私が運営しているmixiのコミュニティ。８６９人（２０１６年12月現在）のステップファミリーと恋愛中の予備軍の方が参加して、情報交換やおしゃべりをしています。

Ameba 明るく楽しくステップファミリー

http://group.ameba.jp/group/NVS39Wh1iNnh/

mixi同様に私が運営しているアメーバーブログのコミュニティ。６０３人（２０１６年12月現在）のステップファミリーの方が参加して、情報交換やおしゃべりをしています。参加者のブログを閲覧するだけでも参考になるかと思います。

おわりに

最後までお読みいただきまして、ありがとうございました。

1年以上の時間をかけておこなったアンケート調査と聴き取り取材のまとめを、やっと1冊の本にまとめることができました。いま、とても晴れ晴れとした気持ちです。それは、アンケートや取材にご協力いただいたみなさまに、やっとご報告できるからです。みなさまのお力添えに心より感謝の気持ちをお伝えしたいと思います。

苦労を経験した人のお話にはほんとうに説得力があり、本書のさまざまなアドバイスは、いま悩んでいる人びとの力になると実感しています。

私の子連れ再婚家庭生活は2年前に終わっています。思い出すと、苦しい8年間の再婚生活でした。もちろん楽しいこともありましたが、よい思い出を消してしまうくらい、苦しいことのほうが多かった気がしています。だから、アンケートの声にもあったように、再婚はおすすめしません、やめたほうがいいですよ、と私も思ってきました。

でもいま、さまざまなステップファミリーの取材を終えて思うことは、「パートナーへの愛があれば家族は壊れない」ということです。

私自身の離婚は子連れ再婚だったことが問題だったのではなく、度重なる苦難に負けて家族でいることをあきらめ、夫婦が話し合いをしなくなり、だんだんと夫を信頼できなくなってしまったことが敗因だったことに、あらためて気がつきました。

いま、がんばっている子連れ再婚家庭のみなさんは、パートナーへの愛や信頼がゆるぎないものだからこそ、苦労を乗り越えようとしているのだと思いました。

子連れ再婚家庭への理解が薄く、支援制度が何ひとつないなかで、家族でありつづけていくのはほんとうにつらいと思います。でも、継続は力なり。がんばって続けていく家族がいるから、その努力をまわりが理解できるようになり、じょじょに支援者も増えていくのだと思います。

数年後には、子連れ再婚家庭が堂々とカミングアウトでき、支援者が増え、相談窓口や多様なサポートができて、暮らしやすい社会になることを願っています。

最後に、本書の必要性をご理解いただき、快く出版していただきました太郎次郎社エディタスの北山さんに感謝します。また、子連れ再婚家庭についてともに学びながらアンケートを丁寧にまとめ、途中経過ではさまざまな助言をいただきました編集の漆谷さんに感謝します。

多くのみなさまのお力添えのおかげで、素敵な本ができました。

2016年12月16日

新川てるえ

著者紹介

新川てるえ（しんかわ・てるえ）

NPO法人M－STEP理事長、家庭問題カウンセラー。1964年生まれ、千葉県柏市出身。10代でアイドルグループのメンバーとして芸能界にデビュー。その後、2度目の離婚の折にシングルマザーを支援するNPO法人Winkを設立。10年間の活動後、長女に理事長を引き継ぎ、2014年、シングルマザーとステップファミリーを支援するNPO法人M－STEPを新たに設立。3度の結婚・離婚・再婚などの経験を生かして、作家、シングルマザー・コメンテーター、家庭問題カウンセラーとして活躍中。『子連れ離婚を考えたときに読む本』（日本実業出版社）、『シングルマザー生活便利帳』『子連れ再婚を考えたときに読む本』（ともに小社刊、前者は共著）ほか、著書多数。

日本の子連れ再婚家庭

再婚して幸せですか？

2017年1月25日　初版印刷
2017年2月15日　初版発行

著者　新川てるえ
装丁　佐藤和泉子
発行所　株式会社　太郎次郎社エディタス
東京都文京区本郷3－4－3－8F
〒113－0033
電話　03－3815－0605
FAX　03－3815－0698
http://www.tarojiro.co.jp/
電子メール　tarojiro@tarojiro.co.jp

印刷・製本　シナノ書籍印刷
定価　カバーに表示してあります

ISBN978-4-8118-0798-0　C0036